De Lash a empresária

Histórias e lições de mulheres que venceram na vida

EDITORA
CHAVE MESTRA®

Ficha Técnica

EDITORA CHAVE MESTRA®

Av. Marcos Penteado de Ulhoa Rodrigues, 1119 – Tamboré, Alphaville - SP,
Ed. Office Shopping Tamboré – Andar 21 – Sala Chave Mestra
CEP: 06460-040
@editorachavemestra
editora@editorachavemestra.com.br
Acesse: www.editorachavemestra.com.br

Título original em português:
De *lash* a empresária: histórias e lições de mulheres que venceram na vida

Direção editorial: Raquel Medeiros
Coordenação editorial: Bartira Costa Neves
Assistência editorial: Eloiza Andrade e Larissa Robbi Ribeiro
Revisão: Gabriela Andrade
Diagramação e projeto gráfico: Weslei Eugênio
***Branding* de capa:** Izzo Medeiros

Dados Internacionais de Catalogação na Publicação (CIP)

Vale, Rogério (Organizador)
V149 De lash a empresária: histórias e lições de mulheres que venceram na vida / Rogério Vale (org.) – Barueri, SP: Chave Mestra Editora, 2024. 240 p.: 16 x 23 cm

ISBN 978-65-5496-034-2

1. Desenvolvimento pessoal 2. Negócios. 3. Empreendedorismo. 4. Prosperidade. 5. Inteligência emocional. 6. Sucesso. I. Título.

CDD 158.1

De *Lash* a **empresária**

Sumário

De *lash* a **empresária**

Apresentação

No mundo do empreendedorismo, histórias de sucesso são frequentemente marcadas por desafios, persistência e uma visão clara do futuro. Este é o caso das profissionais de beleza que se especializam em uma área de atuação. Para muitas, a jornada começa com um simples desejo de aprimorar a técnica estética, mas pode se transformar em uma carreira próspera e inspiradora.

Em uma tarde de reuniões na editora Chave Mestra, nós recebemos a visita da Ana Kelly Rodrigues, uma das coautoras desta obra, e seu esposo Miguel Kelson, também autor da casa e, nesse encontro, eles nos contaram justamente sobre o mercado da beleza voltado para o universo de *lash design*, os eventos que acontecem no Brasil e em outros países, bem como sobre os desafios que são enfrentados pelos profissionais da área. Nós ficamos impactados e, ao mesmo tempo, encantados com os relatos. Abraçamos o projeto e decidimos editar essas histórias.

Em *De* lash *a empresária*, 29 mulheres potentes, resilientes e visionárias compartilham suas trajetórias e como, por meio da caminhada como *lash designer*, se tornaram empresárias de sucesso.

Mas ninguém nasce empresária, o caminho para o sucesso é pavimentado com aprendizado constante, erros e acertos. Empreender no ramo de *lash design* é desafiador, porém, com os passos certos – investimento em formação de qualidade, planejamento e estratégia – essas mulheres construíram carreiras promissoras e consistentes.

As histórias que você vai ler aqui revelam que a transformação de uma *lash designer* em empresária bem-sucedida é uma verdadeira metamorfose, que envolve não apenas o aprimoramento das habilidades técnicas, mas também o desenvolvimento de competências empresariais e de liderança. Afinal, trabalhar em um sonho requer dedicação, organização, persistência e, acima de tudo, paixão pelo que faz.

A persistência é um dos pilares mais importantes para quem deseja alcançar o sucesso. Enfrentar desafios e obstáculos é parte do processo, e a capacidade de continuar mesmo diante das dificuldades é o que diferencia quem chega lá dos demais. Outro pilar é a resiliência, que é a capacidade de se adaptar e superar adversidades, pois ela permite transformar obstáculos em conquistas, criando um caminho sólido rumo ao sucesso. E não podemos nos esquecer do propósito claro, que ajuda a manter a motivação e a direcionar os esforços para o objetivo. É isso que o leitor vai encontrar nestas páginas, narrativas de muitos desafios que foram convertidos em oportunidades de crescimento por mulheres, persistentes, resilientes e focadas em seu propósito, que acreditaram em seu potencial para valorizar a beleza e realizar o sonho de construir um negócio próspero.

Vamos juntos encontrar inspiração nessas jornadas de luta, força, beleza, fé e sucesso?

Curta sua leitura!

Rogério Vale

CEO e *publisher* da Editora Chave Mestra

EDITORA
CHAVE MESTRA®

Ágata Gomes

Meu nome é Ágata Gomes e nasci em Caxias do Sul/RS. Sou casada e tenho um filho de 19 anos.

Atuo como *lash designer* há três anos. Já formei mais de 150 alunas, fui cinco vezes premiada na minha categoria como *lash designer* e tenho mais de cinquenta formações.

Meu objetivo é renovar a autoestima das mulheres por meio de olhares e mudar vidas por meio dos meus ensinamentos.

agatagomes

+55 (54) 99201-6391

Ágata Gomes

De Lash a empresária

1 DE PASTELEIRA A *LASH DESIGNER*

Por Ágata Gomes

Sou Ágata Gomes, fui mãe solteira com 15 anos e minha maior motivação sempre foi meu filho. Quando ele nasceu, prometi para mim mesma que eu daria o melhor a ele. Minha vida sempre foi difícil, mas eu sempre tive esperança e força de vontade para fazer dar certo.

Quando fiz 19 anos, conheci uma pessoa e ficamos casados por doze anos. Tínhamos uma indústria que fazia pastel e abastecia mais de quarenta mercados no meu estado. Como sempre fui muito esforçada, acabei me dedicando totalmente a minha família e ao nosso negócio.

Os anos foram passando e eu acabei não estudando, não fazendo nada por mim. Deixei a situação ficar cômoda: meu ex-marido pagava as contas, administrava o negócio e nosso dinheiro, e eu só entrava com mão de obra. Com 30 anos, eu não sabia tirar dinheiro do caixa eletrônico, nem mexer nas redes sociais, nem fazer um pix.

Os anos foram passando e eu já não estava mais feliz no meu casamento, mas eu precisava tomar uma decisão por mim e pelo meu filho, então entendi que Deus precisava me parar. Como minha vida era muito agitada, trabalhando 16 horas por dia, eu não tinha tempo de conversar com Deus. Foi então que peguei covid-19. Fiquei isolada; em uma época em que as pessoas estavam todas ruins, eu só perdi o olfato e o paladar. Mas Deus me colocou naquela situação. Foi ali que primeiramente agradeci a Deus por estar bem e por minha família também estar. Foi naquele momento que consegui conversar com ele e disse que já não era mais feliz no meu casamento, era nova ainda e queria mudar minha vida.

Foi quando comecei a pensar o que poderia fazer. Primeiramente, pensei em uma amiga que trabalhava com marketing digital e estava ganhando muito dinheiro, mas aquilo não era para mim naquele momento, pois eu não sabia mexer em um computador. Depois, pensei em fazer unhas, mas também não era uma coisa de que gostava. Foi quando Deus me colocou uma ideia na cabeça. Eu já usava extensão de cílios, então pensei: vou fazer um curso de extensão de cílios.

Pedi o dinheiro do curso para o meu ex-marido. Por mais que o dinheiro fosse nosso, eu não tinha o poder de pegar sem pedir. Depois de conseguir o dinheiro, cheguei na menina que fazia meus cílios e disse: "Tu vai ter que me ajudar, quero aprender a fazer cílios". Ela, com toda sua boa vontade, me deu o curso. Confesso que foi uma das coisas mais difíceis que aprendi na vida, mas eu precisava fazer dar certo, pois não estava mais feliz no meu relacionamento.

Fiz o curso e comecei a atender no corredor da minha casa aos sábados, pois era minha única folga. Mesmo não sendo o resultado que eu queria, já estava feliz, pois estava tentando. Estava ganhando R$ 100,00 por semana, minha maior felicidade era pegar aquele dinheiro sem precisar pedir, estava me sentindo útil.

Após uma briga feia entre mim e meu ex-esposo, criei coragem para me separar. Mesmo cheia de medos e incertezas, eu queria fazer dar certo. Na separação, eu fiquei com uma quantia. Foi aí que tive que pensar com inteligência; mesmo sem saber por onde começar, sabia que Deus reservava o melhor para mim.

Chamei um amigo corretor para me ajudar na compra de algum lugar para morar com meu filho. Entrei em um único apartamento, me apaixonei, mas eu não tinha todo valor, então decidi vender meu carro para ter a quantia necessária.

Acabou sobrando um valor e consegui comprar um carro mais barato. De R$ 350.000,00, sobraram R$ 15.000,00. Peguei R$ 5.000,00 e ajudei minha mãe, pois o sonho dela era ter dentes bons; e R$ 2.000,00 para comprar comida, pois tinha medo de não ter depois, então precisava garantir. Eu ainda precisava pagar a escritura do meu apartamento, mas queria muito fazer outro curso para melhorar minha técnica. Tinha medo de usar o valor da escritura para pagar o curso e não dar certo, mas eu sempre fui corajosa.

Decidi fazer o curso e realmente minha técnica foi melhorando. Foi quando uma amiga me chamou para trabalhar no estúdio dela. Fiquei muito feliz com a oportunidade, queria fazer dar certo. Ao mesmo tempo, minha prima me chamou para trabalhar no estúdio dela, então fiz uma proposta para as duas e acabei trabalhando nos dois estúdios durante um ano.

Tive muito apoio, levava meu material de um lado para outro numa sacola de mercado. Não tinha *ring light*, pois não podia levar de um lugar para outro, então comecei a colocar metas claras e objetivas.

Nos primeiros seis meses, eu já tinha a mesma agenda que tenho hoje e estava feliz da vida que o dinheiro começou a entrar. Então comecei a investir em outros cursos. Eu nunca quis ser melhor que ninguém, mas precisava ser boa no que eu fazia, pois tinha um filho que precisava de mim.

No meu primeiro ano trabalhando na área, comecei a dar cursos. No meu primeiro curso cobrei R$ 200,00 por pessoa, queria realmente ver se eu era capaz. Acabou sendo um sucesso, fiquei muito feliz com o resultado. Daí em diante, resolvi investir em uma mentoria para dar mais cursos. Tinha como meta fechar quatro cursos por mês, que era o que minha agenda permitia, e foi o que fiz.

Como estava dando certo, não podia mais ficar com sacola para lá e para cá, então resolvi alugar uma sala individual para mim. Quando entrei na sala, determinei o prazo de um ano para deixá-la da forma que sempre sonhei.

As coisas foram acontecendo e fui sendo cada vez mais reconhecida na minha profissão. Com isso, acabei ganhando diversas premiações. Eu sempre gostei de aprender, investir em mais cursos, mas também tinha outra meta: meu estúdio.

Por um ano, trabalhei 15 horas por dia durante a semana, em alguns domingos e feriados, em situações que não aguentava mais de tanta canseira, mas o que me fazia permanecer forte era Deus. Eu sabia que ele tinha me colocado ali, que ele me daria suporte. Tiveram momentos em que eu ia no banheiro, lavava as mãos, rezava e voltava com sorriso no rosto. Fiz uma cirurgia e em seis dias já estava trabalhando; mesmo morrendo de dor, eu estava ali. Estava com minha agenda lotada e não tinha como reagendar as clientes ou não as atender; era final de ano, nosso movimento era bem maior do que o normal. Acabava trabalhando com uma sacola de comida embaixo da minha maca, com bolachas, frutas e shake. Ao final de um dia, acabei passando mal por não me alimentar direito. Mesmo assim permanecia ali trabalhando.

Sempre soube que Deus reservava o melhor para mim; se eu estava ali, era porque tinha o suporte dele. Decidi fechar por um ano quando resolvi colocar a meta do meu estúdio em prática, montar meu tão sonhado espaço. Como sempre sonhei, em um ano, consegui juntar o valor e contratei uma arquiteta para montar o espaço como eu sonhava.

Fiz uma inauguração linda, com direito a reportagem no jornal da minha região. No final da entrevista, tive a sensação de "eu venci" e desabei a chorar, pois só eu sei o quanto lutei por isso.

Os cílios mudaram não só a minha história, mas a de muitas pessoas, de alunas que estão crescendo cada vez mais na área. Trabalho com minha mãe, minha irmã e uma aluna. Sigo sempre com minhas metas, pois sei aonde quero chegar. Sei que Deus reserva o melhor para mim, aceito e recebo; sei que terei muitos obstáculos, mas o que permanece forte é minha fé de acreditar que, sim, tudo vai dar certo.

Se fosse dizer algo hoje para vocês, seria: não desistam dos seus sonhos, pois se Deus plantou aquilo, ele lhe dará suporte. É assim que sigo, sempre acreditando que tudo é possível, basta a gente querer. Hoje tenho outras metas para mim, tenho sonho de ser palestrante. Acredito que, quando a gente acredita no poder de Deus, as coisas acontecem.

Em março de 2024 eu me ajoelhei perante a minha maca, pedi a Deus que me desse outras oportunidades. Não estava reclamando do que tinha recebido, mas Deus sabe o quanto tenho estado cansada, quanto estou me esforçando, mas em minhas orações disse que seria no tempo dele, que eu aceitava tudo que ele pudesse me proporcionar.

Resolvi dar um próximo passo, e mesmo com a correria de atender das 8h até 21h, eu sabia que eu precisava me desafiar para poder ir em busca de outras oportunidades. Foi quando decidi comprar um curso de gestão. Pensei: "Nossa, como vou dar conta de tudo?", mas sabia que Deus ia me ajudar. Precisava fazer o curso, pois para sair do estúdio tinha que moldar minha equipe.

Nesse meio tempo, uma amiga da minha cidade que faz eventos perguntou se eu não queria fazer o curso de palestrante que ela havia lançado. Seriam somente dez vagas, e duas participantes iriam palestrar no evento, então resolvi me desafiar mais uma vez.

Como sempre quis motivar pessoas, Deus me surpreendeu mais uma vez com meu livro. Levarei minha história pelo mundo, com meu livro em minhas palestras, mas preciso aceitar o processo; mesmo na correria do meu dia, preciso aceitar os desafios. É isso que eu faço, sei que Deus sempre tem o melhor para mim, sigo mentalizando tudo que eu quero, trabalho à lei da atração, e que vou chegar muito além do que eu imagino.

Agradeço a Deus por me proporcionar o extraordinário, hoje posso dar uma condição melhor a minha família e consegui descobrir o quanto sou capaz e o potencial que eu não sabia que eu tinha. Tenho muitas metas e muitos sonhos ainda para realizar, mas sigo com muita fé, de joelhos perante a Deus; Ele é minha fortaleza.

"Eu aceito tudo
o que Deus reserva
para mim."

Ágata Gomes

Amanda Sábio

Sou Amanda Sábio, natural de Osasco/SP; resido em Machado/MG, onde construí minha linda família: meu esposo Amilton Serafini, meu cônjuge há nove anos, meu primogênito João Vitor Gomes e minha caçula Maria Júlia Serafini.

Sou empreendedora há 19 anos, com mais de cinquenta certificados no ramo da beleza, palestrante e educadora. Atuo como *lash designer* há quatro anos, profissão em que me sinto realizada por transformar vidas através de olhares.

Trabalhei arduamente para hoje ser empresária de tudo que um dia foi um sonho.

amandasabio.lashbrows

+55 (35) 99739-6483

amandasabio_lash22@hotmail.com

De Lash a empresária

2 NINGUÉM NASCE EMPRESÁRIA, É PRECISO SER LAPIDADA

Por Amanda Sábio

Eu costumo dizer que somos lapidados desde o nosso nascimento para nos tornarmos joias raras, assim como Deus quer. Vou contar sobre minha lapidação. Nasci em um bairro periférico, na cidade de Osasco, classe baixa, renda mínima, com poucos recursos. Digo que usufruí de uma infância de verdade, cresci com meus primos no mesmo quintal, tive uma infância inesquecível, com brincadeiras de rua, pés descalços, enfim, fui uma criança feliz.

Além da parte boa, tinha também a parte da nossa realidade. Meus pais, Hércules Macedo e Alexsandra Gomes, trabalhavam muito para poderem dar o mínimo de conforto para mim e meu irmão, Henrique Sábio. Quem cuidava de mim e do meu irmão era minha bisavó materna, Maria Barbotti. Essa foi a mulher que forjou meu caráter e minha base de vida, sem ela eu não seria nem a metade do que me tornei. Em São Paulo, as coisas eram diferentes, e com isso minha bisavó ajudou na nossa criação.

A independência com que fui criada pelos meus pais fez total diferença na minha trajetória. Aos 9 anos, meu pai me ensinou a ir de ônibus para escola. Pode ter sido uma loucura? Sim, porém fui tão bem instruída que nunca tive problema com isso.

Lembro de algumas atitudes que tinha quando criança que fizeram parte da minha lapidação. Uma delas foi quando tinha trabalho de escola, eu não tinha internet na época e minha única opção era a biblioteca da escola, então eu chegava antes do horário escolar e ficava na biblioteca fazendo meus trabalhos. Como estudava de manhã, acabava não almoçando. Lembro-me de uma vez que queria um salgado da cantina da escola e não tinha dinheiro, mas a cantina aceitava passe escolar como pagamento, então eu utilizei o passe que ia usar para ir embora para comer o salgado tão desejado e, adivinhe: fui embora a pé, mais de uma hora andando. Eu sempre dava meu "jeitinho". Aqui começa minha lapidação profissional!

Comecei a trabalhar aos 12 anos por iniciativa da minha mãe. No bairro em que eu morava, havia aberto uma escola que ensinava várias profissões, e minha mãe conversou comigo sobre eu aprender algo que pudesse agregar conhecimento. Digamos que ela não queria que eu passasse minha adolescência na rua.

Consegui me formar em seis meses como manicure e comecei a fazer unhas nas casas das pessoas. Como era bom ter meu próprio dinheiro, e estou falando de receber R$ 5,00 por mão ou pé e R$ 10,00 por pé e mão. Nessas idas e vindas nas casas das pessoas, chamei a atenção de uma dona de salão, a Cris. Ela me fez uma proposta para atender no salão dela aos finais de semana e eu aceitei.

E lá estava eu no final do mês recebendo R$ 80,00, meu primeiro salário. Corri no centro da cidade e comprei um vestido preto lindo rodado para o Natal e uma sandália cinza com strass. Conto isso com alegria, porque foi meu primeiro salário e fiz algo que eu queria, do meu gosto com o meu dinheiro.

Com essa oportunidade de emprego, tinha recurso para fazer um curso de informática que eu queria muito. Meu primeiro emprego me lapidou para que eu soubesse os princípios básicos de como me comportar, como atender, o que podia ou não fazer, o que era tolerável e intolerável.

Aos 15 anos me mudei para Machado, em Minas Gerais, onde eu e minha família recomeçamos nossas vidas. Mas como todo começo não é fácil, o nosso não foi diferente. Sair de São Paulo e ir para o interior de outro estado foi uma mudança brusca, porém sabíamos que aqui íamos ter oportunidades com qualidade de vida. Quando me mudei meu primeiro questionamento era: como vou trabalhar? Será que algum lugar vai me aceitar como manicure? As dúvidas eram muitas, mas, como tudo está no controle de Deus, eu confiei.

Consegui trabalho em um salão que seguia os princípios com os quais eu me identificava. Nesse salão aprendi muito com a profissional Kelly. Nesse ambiente trabalhei por três anos e estruturei as minhas clientes, algumas se tornaram até amigas.

Até que aos 17 anos eu me casei. Por influência dessa pessoa, fui trabalhar com CLT. Ele me convenceu que era mais seguro ter um emprego registrado, para poder fazer um financiamento de casa que queríamos. E lá fui eu ser operadora de máquinas em uma fábrica de envasamento de chás. Mas como o empreendedorismo sempre gritava dentro de mim, comecei a fazer unhas dentro do banheiro da empresa. Sempre dava um jeito de fazer unhas e cabelos e até faxinas nos fins de semana para ter uma renda extra.

Engravidei do João Vitor após um ano trabalhando na empresa. Depois do nascimento do meu filho, minhas prioridades mudaram.

Eu nunca escondi o fato de querer voltar para a área da beleza, fazia esses extras para conseguir pagar um curso de cabeleireira. Nesse momento, percebi que estava remando na direção contraria da pessoa com quem compartilhava o mesmo teto. Eu estava passando por uma depressão pós-parto, e o conjunto de acontecimentos resultou em um divórcio. Voltei para casa dos meus pais com meu filho e fui à luta por dias melhores.

Mesmo com todas as adversidades, consegui encontrar uma pessoa que sonhava os meus sonhos. Ele se chama Amilton Serafini, meu marido. Ele me impulsou a fazer o curso de cabeleireira e montou meu primeiro salão. Comecei trabalhando na minha casa, fazia cerca de três clientes por semana. Eu me formei cabeleireira, maquiadora, *designer* de sobrancelha e fiz especialização em penteados, e assim fui expandindo meus horizontes.

Em algum período dessa minha trajetória, trabalhei novamente em outro salão, mas dessa vez com todas as minhas formações. Nesse lugar, houve um episódio que me lapidou profundamente. Cometi um erro de cálculos de porcentagem e fui acusada e mal interpretada. Jurei pela vida do meu filho que não tinha feito de má-fé, mas não fui ouvida, e sim julgada. Nesse momento, prometi para mim mesma que nunca mais juraria pelos meus filhos. Saí desse salão e não trabalhei em outro lugar por um tempo, fiquei sendo dona de casa. Foi quando engravidei da minha caçula Majú e foquei meu tempo e minha vida totalmente para a família.

Passado um tempo, minha mãe me convidou para trabalhar com ela em um espaço que ela alugou para fazer massagens. Depois de quase dois anos parada, eu voltei a atender. Não foi fácil, tinha uma ou duas clientes semanais, mas continuei persistindo, até que veio a pandemia e tive que me reinventar. Foi quando abri minha visão para o mundo dos cílios. Ouvia e via pessoas falando sobre essa profissão e sempre me encantava, então tomei uma drástica decisão. Eu optei por trabalhar exclusivamente como *lash designer* em meio a pandemia. Vendi todos os meus móveis do salão para focar somente os cílios das pessoas.

Na época, meu marido ficou muito chateado, porque ele fez parte do sonho do qual eu estava me desfazendo, mas eu fiz uma promessa para ele: que ele nunca mais veria eu me desfazer de algo que lutei para conquistar, que era para ele confiar em mim que tudo ia dar certo.

No início como *lash designer* as dificuldades eram imensas: não tinha maca nem mocho para atendimento, tinha comprado material parcelado em seis vezes no cartão, usava a maca da minha mãe de fazer massagem e a cadeira de cabeleireira para sentar-se. As dores nas costas eram terríveis, conseguia atender uma cliente no dia de tanto que demorava para fazer o procedimento, fora que me cobrava muito, pelo tempo que demorava, pelo acabamento que não era bem executado, por não saber postar meu conteúdo.

Meu único objetivo era me aperfeiçoar, então mergulhei de cabeça em cursos e treinos, fiz parcerias para sortear cílios em troca de divulgação, fiz cílios de *influencers* na cidade, tudo para me gerar visibilidade. Só teve uma coisa que não fiz: me preocupar com a concorrência. Eu estava tão ocupada tentando fazer meus planos darem certo, que a concorrência acabava sendo eu mesma.

Na época que comecei pouco se falava em congressos de *lashes*. Minhas buscas eram no Instagram, olhava muito o que as *lashes* estavam fazendo, participava de *lives* gratuitas. Com o tempo fui criando experiência no assunto, já não tinha mais medo de fazer cílios. Com isso fui sendo notada, minha cartela de clientes começou a aumentar e meu espaço ficou pequeno.

A primeira mudança foi para um lugar maior, com recepção, sala de espera, cozinha para preparar um café, parede decorada com nome, tudo fluindo, nas graças de Deus. Foi então que me veio a necessidade de contratar uma secretária. Novas metas, novos objetivos, novos medos, a empresa estavam crescendo, e com ela uma menina que aprendeu pouco a pouco com a experiência real, na raça, a cuidar do que era dela.

O primeiro evento de *lashes* que participei foi no Rio de Janeiro, evento esse que era voltado para formar educadoras e onde palestrei pela primeira vez. Voltei desse congresso com uma bagagem imensa de conteúdo, novas oportunidades e logo me estruturei para ministrar cursos. E não parei mais; fui em outros congressos, comecei a ser vista e a receber convites para palestrar novamente.

Hoje escrevendo minha história parece ter sido fácil, mas cada pessoa passa por uma realidade e cada uma evolui em um ritmo. Não estou nem perto de aonde quero chegar, mas sei que não estou no mesmo lugar que comecei. Se tem uma coisa que eu posso dizer é que desistir nunca foi uma opção, cada obstáculo no meu caminho me fez mais forte, em cada dificuldade eu fiquei mais sábia, a cada problema que aparecia eu procurava soluções, e não culpados; isso é ser resiliente.

Minha história não chegou ao fim, aqui está um resumo do resumo. Até aqui fui lapidada por Deus, pelas minhas escolhas e consequências, por erros e acertos. Eu sei aonde quero chegar e convido você a ver o meu sucesso através das minhas redes.

Agradeço e dedico a Deus, aos meus pais Hercules e Alexsandra, ao meu marido Amilton e aos meus filhos João e Maria. Em memória de Maria Barbotti.

"Por trás de uma grande empresária, existiu uma lapidação que doeu, machucou, feriu, mas que nunca foi desistida."

Amanda Sábio

Foto: Évelin Furquim @evefurquim.

Ana Kelly Rodrigues

Meu nome é Ana Kelly Rodrigues, sou *lash designer* desde 2017 e formada em micropigmentação. Minha jornada profissional me levou a ser formadora internacional, tendo me graduado em duas academias renomadas da Espanha e uma dos EUA. Já formei mais de mil alunas no Brasil, Nova Zelândia, Noruega e Portugal. Hoje, sou especialista em cílios personalizados e desenvolvi um método que permite às *lashes* trabalharem mais rápido.

Além disso, sou palestrante e mentora *beauty*, ajudando profissionais a se destacarem das demais, tornando-se *lashes* de alto padrão e lucrando mais. Dedico minha vida a transformar vidas através da beleza e elevar a autoestima das mulheres.

kellyrodrigues.kr

kellyrodrigues@icloud.com

De Lash a empresária

3 DE FORTALEZA AO MUNDO: MINHA JORNADA DE SUCESSO

Por Ana Kelly Rodrigues

Desde muito jovem, tive um desejo profundo de impactar a vida das pessoas ao meu redor. Cresci em Fortaleza, uma cidade repleta de beleza e cultura vibrante. Aos 36 anos, sou mãe de duas lindas princesas, Hadassa e Liz, e esposa dedicada. Minha jornada no mundo da beleza começou de maneira humilde, mas sempre guiada por um propósito maior: ajudar mulheres a se encontrarem profissionalmente e elevar sua autoestima.

Minha carreira inicial me levou a trabalhar em um shopping center, onde, apesar do bom salário, a insatisfação e a falta de reconhecimento eram constantes. Observava meu esposo, que acordava todos os dias com um sorriso no rosto e alegria de ir trabalhar, e me perguntava por que não podia sentir o mesmo. Ele sempre dizia que ninguém acorda para ir à luta, mas sim para a festa. Infelizmente, eu não compartilhava desse sentimento.

A busca pelo propósito

A sensação de desconexão com meu trabalho começou a afetar minha autoestima e confiança. Sentia que estava desperdiçando meu potencial e que havia algo maior esperando por mim, algo que me permitisse não apenas trabalhar, mas florescer. Essa insatisfação culminou em um ponto em que a angústia de me sentir desvalorizada e sem propósito se tornou insuportável. Precisava desesperadamente encontrar uma maneira de alinhar minha paixão com minha carreira. Sabia que, para ser verdadeiramente feliz, precisava encontrar um trabalho que me permitisse fazer a diferença na vida das pessoas.

Minha transformação começou quando encontrei minha primeira professora de *design* de sobrancelhas e extensão de cílios. Na primeira vez que uma cliente se olhou no espelho após um procedimento realizado por mim e sorriu, soube que estava no caminho certo. Estava determinada a elevar a autoestima das mulheres e fazê-las se sentirem confiantes e poderosas.

O primeiro passo

Com essa nova paixão, deixei meu emprego no shopping e abri meu primeiro espaço de beleza. No entanto, sem conhecimento em empreendedorismo, o negócio não prosperou. Em vez de desistir, vi isso como uma lição valiosa. Decidi aprimorar minhas habilidades e fui trabalhar no maior espaço de cílios de Fortaleza. Lá, aprendi todas as técnicas de extensão de cílios e, com muita dedicação, rapidamente me tornei uma profissional requisitada.

Minha busca incessante por crescimento me levou a fazer cursos dentro e fora do Brasil. Meu esforço e dedicação foram reconhecidos, e logo me tornei líder de uma das unidades onde trabalhava. A pandemia trouxe novos desafios, mas também novas oportunidades. Comecei a oferecer atendimentos e cursos em domicílio, o que rapidamente se tornou um grande sucesso.

O crescimento profissional

Com a crescente demanda, abri meu próprio estúdio e formei mais de mil profissionais no Brasil e no exterior. Mudamos para Sorocaba, devido a uma oportunidade de trabalho do meu esposo, mas continuei a gerenciar meu negócio a distância, mantendo-o próspero.

Hoje, dedico-me integralmente ao congresso que organizo com meu esposo, em que temos como objetivo levar conhecimento e inspiração para outras profissionais do ramo da beleza. Minha jornada é uma prova de que, com determinação, paixão e fé, é possível transformar desafios em oportunidades e alcançar o sucesso.

Lições de empreendedorismo

Durante minha jornada, enfrentei muitos desafios, mas cada obstáculo foi uma lição que me fortaleceu e me preparou para o próximo passo. Aprendi que o conhecimento é uma poderosa ferramenta de transformação e que a persistência é a chave para alcançar nossos sonhos. Invista em seu crescimento, busque sempre aprender e se reinventar.

Planejamento e estratégia

Um dos pilares do meu sucesso foi o planejamento estratégico. Desde o início, estabeleci metas claras e desenvolvi um plano de ação detalhado para alcançá-las. Isso incluía desde a seleção de cursos de capacitação até a criação de um ambiente de trabalho acolhedor e profissional.

Investimento em educação

A educação foi fundamental na minha trajetória. Fiz diversos cursos de extensão de cílios, tanto no Brasil quanto no exterior. Investir em educação me permitiu estar sempre atualizada com as últimas tendências e técnicas, proporcionando um serviço de alta qualidade para as minhas clientes. Além disso, a busca por conhecimento me ajudou a desenvolver novas habilidades e me manter competitiva no mercado.

O desafio do mega curso

Um dos maiores desafios da minha carreira foi transformar um congresso em um dos maiores cursos de extensão de cílios do Brasil. Quando organizei a primeira edição do evento, chamado Sorolash, que aconteceu em Sorocaba, não esperava a repercussão gigantesca que teria. Foi um sucesso estrondoso, mas também trouxe adversidades inesperadas. O sucesso do evento incomodou muitos no mundo *lash*, e acabei sendo alvo de ataques cibernéticos. Todas as minhas redes sociais foram hackeadas e excluídas, deixando-me sem qualquer recurso digital para promover meu trabalho.

Essa experiência foi devastadora, mas também uma lição valiosa sobre resiliência e reinvenção. Em uma nova cidade, onde estava há apenas seis meses, precisei começar do zero. Reconstruí minha presença digital, reconquistei meu público e, com ainda mais determinação, transformei o Sorolash no Cresce Lash, um mega curso. Hoje, é considerado o maior curso de *lash* do Brasil, atraindo profissionais de todo o país e do exterior.

Além do sucesso do nosso mega curso, trabalho com meu esposo oferecendo consultoria para grandes empresárias e empresas em Sorocaba e São Paulo. Em maio, lancei minha própria linha de óculos de sol, a KR Sunglasses, adicionando um novo ramo ao meu negócio e expandindo ainda mais meu impacto no mundo da moda e beleza.

Atendimento ao cliente

O atendimento ao cliente sempre foi uma prioridade. Cada cliente que entrava no meu estúdio era tratada com respeito e atenção, buscando sempre superar suas expectativas. Essa abordagem não só fidelizou minhas clientes, mas também gerou muitas recomendações boca a boca, que são extremamente valiosas no setor de beleza.

Inovação e adaptação

A capacidade de inovar e me adaptar às mudanças do mercado foi crucial. Durante a pandemia, por exemplo, precisei adaptar meu modelo de negócios, oferecendo atendimentos e cursos em domicílio. Essa flexibilidade permitiu que eu continuasse a crescer mesmo em tempos de crise.

Networking e colaborações

Estabelecer uma rede de contatos e colaborar com outros profissionais do setor também foi uma estratégia importante. Participar de eventos, feiras e congressos me permitiu aprender com outros especialistas e expandir minha rede de contatos. Essas conexões muitas vezes resultaram em parcerias frutíferas e novas oportunidades de negócios.

Mentoria e desenvolvimento de talentos

Ao longo dos anos, percebi que poderia multiplicar meu impacto ao capacitar outras mulheres a se tornarem empresárias de sucesso. Criei programas de mentoria e treinamento para ajudar novas profissionais a desenvolverem suas habilidades técnicas e empreendedoras. Ver minhas alunas prosperarem e alcançarem seus próprios sonhos foi uma das maiores recompensas da minha carreira.

Equilíbrio entre vida profissional e pessoal

Encontrar um equilíbrio entre a vida profissional e pessoal é um desafio constante para qualquer empreendedora. Com duas filhas e um marido, precisei aprender a gerenciar meu tempo de forma eficiente. Delegar tarefas e confiar na minha equipe foi essencial para manter esse equilíbrio e garantir que eu pudesse dedicar tempo de qualidade à minha família.

Superação de desafios

A vida de uma empreendedora está repleta de desafios. Desde dificuldades financeiras no início do negócio até momentos de incerteza durante a pandemia, cada obstáculo foi uma oportunidade de aprendizado e crescimento. A resiliência e a capacidade de enfrentar esses desafios com uma atitude positiva foram fundamentais para o meu sucesso.

Impacto e legado

Meu maior legado é o impacto que tive na vida das mulheres que formei e mentoreei ao longo dos anos. Ver essas mulheres se destacando em suas carreiras e alcançando seus sonhos é a maior recompensa que poderia ter.

Sei que minha missão de inspirar e capacitar outras mulheres está apenas começando e estou entusiasmada com o futuro.

Minha mensagem para você, leitora, é simples: acredite em si mesma e nunca desista de seus sonhos. Cada desafio é uma oportunidade de crescimento. Siga sua paixão, dedique-se ao aprendizado contínuo e tenha coragem para correr riscos. Você tem o poder de transformar sua vida e alcançar tudo o que deseja.

Dicas práticas para empreendedoras

1. **Defina suas metas:** estabeleça objetivos claros e crie um plano de ação detalhado para alcançá-los.
2. **Invista em educação:** nunca pare de aprender. Faça cursos, participe de *workshops* e busque constantemente novas informações.
3. **Priorize o atendimento ao cliente:** trate cada cliente com respeito e atenção. A satisfação do cliente é a chave para o sucesso.
4. **Seja inovadora e adaptável:** esteja sempre pronta para inovar e se adaptar às mudanças do mercado.
5. **Faça *networking*:** estabeleça uma rede de contatos e colabore com outros profissionais do setor.
6. **Desenvolva talentos:** invista em mentoria e desenvolvimento de novos talentos. Capacitar outras pessoas multiplica seu impacto.
7. **Equilibre vida profissional e pessoal:** gerencie seu tempo de forma eficiente e delegue tarefas quando necessário.
8. **Enfrente os desafios com resiliência:** veja cada obstáculo como uma oportunidade de aprendizado e crescimento.
9. **Deixe um legado:** trabalhe com paixão e propósito, inspirando e capacitando outras pessoas ao longo do caminho.

Espero que minha história e essas dicas práticas inspirem você a perseguir seus sonhos com determinação e paixão. Lembre-se: você tem o poder de transformar sua vida e alcançar o sucesso que tanto deseja.

"Transforme desafios em oportunidades e seus sonhos em realidade. Com paixão e fé, você pode alcançar o sucesso que tanto deseja."

Ana Kelly Rodrigues

Bianca Rovigatti

Sou Bianca Rovigatti, natural de Mogi Guaçu/SP. Hoje resido nos Estados Unidos, na Carolina do Sul, onde vivo com meu esposo Iago Guedes e meus filhos Oliver, Parker e Megan.

Sou biomédica, educadora internacional, mentora, escritora e especialista em liderar empreendedoras rumo ao sucesso. Fundadora do Mastermind Rika, um projeto que utiliza *network* para criar conexões interessantes e acessos estratégicos com uma experiência única e rica.

Com uma bagagem de nove anos como empreendedora, criei uma academia, onde compartilho estratégias para que as alunas alcancem o sucesso rapidamente, acessando o meu conhecimento.

Obtive destaque e sucesso, provando que determinação e constância geram resultados.

biancarovigatti.rika

biancarovigatti@mastermindrika.com

4 COMO EMPREENDER EM 3 PASSOS

Por Bianca Rovigatti

A minha história com os cílios começou em 2017, mas foi em 2015 que eu iniciei no empreendedorismo. Neste capítulo, vou trazer para você os três passos poderosos que funcionaram comigo e que podem ajudar você.

Venho de família empreendedora, mas a ideia de empreender não havia sido despertada em mim até o ano de 2015, quando o diagnóstico de uma grave doença em meu pai transformou nossa realidade. Após muitas complicações decorrentes de doenças correlacionadas, ele não resistiu, e, naquele momento, começou o desejo de empreender, consequência da minha necessidade de sobreviver.

Sobreviver, porque meu pai era a fonte principal dos rendimentos da família, e no dia 23 de março de 2015 ele se foi repentinamente e ficamos sem nenhum amparo. Ele me ensinou que trabalhar duro por um objetivo maior traz bons resultados, e seguindo seus passos eu comecei a idealizar que eu também poderia empreender.

Após a morte dele, minha mãe e eu, desestabilizadas financeiramente e emocionalmente, precisávamos de uma solução milagrosa, pois a renda que eu tinha não custearia todos os gastos da família. O que eu tinha de opção era: passar a vida trabalhando para alguém ou arriscar a chance de sucesso e liberdade financeira.

Bom, a vida tem dessas de se arriscar, e dizem que a oportunidade bate na sua porta uma única vez, então não poderia deixar a minha passar. Eu assumi o risco, criei uma marca. Minha empresa cresceu tanto que contratamos colaboradoras, mas elas começaram a atrasar o repasse dos pagamentos das vendas, até que não repassaram absolutamente nada, e eu quebrei. Sim, eu tirei minha família do zero com esse empreendimento, ele não só me proporcionou contas pagas e passeios, mas também tempo de qualidade. Porém, esse mesmo empreendimento me custou o fracasso, falhei em deixar meu sonho na mão de outras pessoas.

Mas será mesmo que um fracasso dita todo o fim da sua história? Eu digo que não, e é esse o motivo de trazer pontos que você não deve errar. Meu espírito empreendedor tende a ver tudo com outros olhos. Eu nunca vejo só o fracasso, eu lido com os erros para que eu não os cometa novamente; e se tem uma coisa que eu posso dizer é que, se você vai empreender, você precisa ter cuidado e constância no acompanhamento para ver tudo de perto, buscar formas de sair do problema, lembrar os motivos para continuar e não desistir, obter mais conhecimento e acessar pessoas estratégicas. Então, do fracasso, eu fui em busca do meu sonho, que era ter meu empreendimento.

Como um presente de Deus, eu despertei para uma vontade de entrar na área da beleza e busquei algo que dependeria apenas do meu resultado como fonte de sucesso. Desde o primeiro contato com as pinças, eu entendi que a motivação de evoluir na técnica vinha do reflexo no espelho, das clientes que sinalizavam gratidão e alegria pela transformação, e isso me preenchia de várias formas, ali eu havia me encontrado.

Estávamos em 2017 quando conheci as extensões de cílios. Há sete anos as coisas não eram como hoje, você tinha que aprender basicamente tudo sozinha, mas em nenhum momento pensei em desistir; a dificuldade me gerava motivação. Quando a cliente me falava que tudo havia caído, eu chorava e refazia. Determinei que iria estudar muito e obter sucesso em tudo que eu me propusesse a fazer, porque eu tenho em minha mente que, se alguém chegou lá, não é impossível e eu também poderia chegar.

Com a descoberta da minha primeira gravidez, busquei constantemente o sucesso, para que eu pudesse trabalhar em algo que a minha rotina entre trabalho e maternidade fosse possível, pois ser mãe era um grande sonho meu e eu não poderia deixar de honrar aquilo que por muito tempo eu pedi a Deus.

Empreender sempre esteve no meu sangue, fui impulsionada por um momento desafiador decorrente da morte do meu pai, mas ser mãe era de longe uma das minhas maiores realizações, e isso me dava forças para que, caso aparecessem obstáculos, eu tivesse um grande motivo para não abandonar o barco que remava rumo ao sucesso.

Eu passei um ano inteiro me dividindo entre faculdade, estágio e trabalho para conseguir dinheiro suficiente para ter o meu negócio e mudar de carreira. Assim que Oliver nasceu, pude vivenciar uma vida com ele em casa, pois nessa época eu tinha meu estúdio no meio da sala de estar. Atendia e balançava o carrinho literalmente ao mesmo tempo, meu filho nunca foi motivo de obstáculo. Enquanto estudava, ele estava comigo e eu o amamentava nos intervalos, e é isto que eu quero que você entenda: correr atrás dos seus sonhos é fazer o que tem que ser feito sem reclamar, sem dar desculpas.

Nada era uma objeção para mim, se tem uma coisa que nasceu comigo foi a determinação a fazer dar certo. Enquanto meu filho dormia, eu passava madrugadas estudando, pois eu optava por não sacrificar meu tempo com ele, preferia perder o meu descanso e o meu tempo sozinha para plantar o que hoje eu colho em abundância.

E eu me recordo dos três passos que eu segui fielmente para estar onde estou hoje, para sair da vida mediana e alcançar o equilíbrio entre família e trabalho.

Aplicar cada passo não foi simples, mas os motivos que eu tinha para não desistir me fizeram ter disciplina para trabalhar duro, ter foco para acreditar no meu sonho, ainda que todos dissessem ser impossível. E eu serei bem sincera com você: não ache que vai ser como uma receita de bolo, mas seguindo os passos e se comprometendo você chegará lá. Quando começar a agir não negocie com você, seja constante, tenha rotina, seja focada, ninguém dará mérito ao seu esforço, mas será impossível ignorar os seus resultados.

Então quando decidir empreender comece com o primeiro passo que é: **um motivo** – você precisa estabelecer um "por que" e um "por quem" você estará disposto a enfrentar tudo e resistir a cada parte do processo que se inicia. Quando eu comecei lá em 2015, meu motivo era minha mãe, e hoje, além dela, que sempre estará nos meus planos, tenho meus três filhos que me lembram diariamente o "por quem" eu jamais poderei desistir.

Estabeleça qual é o seu motivo e não negocie ele. Se você estiver extremamente insatisfeito com sua vida, coloque uma data limite para que isso acabe. Esse é o "por que" você precisa empreender. Se você não aguenta mais viver a mesma vida medíocre todos os dias, esse é o seu motivo, e você só terá acesso ao extraordinário quando tomar a decisão de lutar e fazer coisas que não serão satisfatórias momentaneamente.

Em algum momento da sua vida você terá que trabalhar mais, estudar mais e se dedicar mais. Tenha em mente que o seu tempo é um recurso esgotável, ele passa e não tem volta, então se priorize, dedique-se ao máximo ao que precisa, não procrastine, lembre-se dos seus motivos para que o sucesso se estabeleça rápido e você tenha vida de qualidade.

Faça as seguintes perguntas para si: "Por que e por quem eu não negociaria procrastinar?"; "Por que e por quem eu não me permitiria falhar?". Com essas respostas, você jamais cogitará ter um plano B, porque o A sempre dará certo.

O segundo passo é a **visualização** – você precisa se ver merecedora, visualizar o seu futuro e fazer as seguintes perguntas: "Como eu quero estar em cinco anos?"; "Aonde eu quero chegar?"; "Quais pessoas vão permanecer comigo nesse período?", porque se existir alguém que não está no seu futuro, remova ela do seu presente, mude seu ambiente e se permita fazer novas conexões. Analise sua vida atual, os lugares que você frequenta, com quem você fala, e mude o que for necessário.

O sucesso não vem acompanhado de tarefas fáceis, mas ele é validado por disciplina em realizar feitos necessários. Veja a concretização do seu sonho e faça o necessário para estar cada vez mais próximo do objetivo final.

E por último, o terceiro passo é a **coragem** para a tomada de decisão, que muitas vezes é sair da zona de conforto; ter coragem para assumir riscos, encarar os desafios e não desistir na primeira dificuldade; ter coragem para decidir ter sucesso, pois uma vez que você enxergou que é possível, que para você também dá, nada mais para você. Eu tive que tomar decisões, ter disciplina para provar que determinação e constância geram resultados.

Eu enxerguei oportunidade na dificuldade, enfrentei uma gravidez com uma rotina de 12 horas de trabalho e resisti, pois a minha realidade era tão frustrante que eu só pensava em mudar a minha vida. Eu vivi os três passos fielmente para que hoje eu pudesse colher uma vida próspera, além de poder compartilhar com novas empreendedoras, assim como você, para que também alcancem o sucesso. Eu quero encurtar o seu caminho, evitar erros e estender a mão que muitas vezes eu busquei e não encontrei.

Hoje tenho a oportunidade de morar fora do país, porque fui reconhecida na minha cidade, com uma cartela fixa de clientes e agenda fechada devido a tanta procura. O retorno financeiro me fez estar hoje fora do Brasil; aqui comecei do zero e rapidamente me estabeleci, pois, além de técnica, ofereci autocuidado, experiência. Aqui sou reconhecida por uma técnica extremamente natural, ágil e com durabilidade. Mas quero que você empreenda fora da caixa, pense além do óbvio. Hoje eu posso analisar toda a estrutura do negócio, cada ponto que fará você alcançar o sucesso e ter tempo de qualidade, porque eu tenho a experiência e o conhecimento para facilitar o seu caminho.

Quero que hoje você determine o sucesso, e a primeira tarefa que dou é: mude algo todo dia, mesmo que seja 1% que você consiga fazer melhor, comece hoje. Se você se compromete todos os dias com uma alimentação melhor, em estudar uma hora para aprimorar sua técnica, em um ano serão 365%, entende o que quero dizer?

Tudo o que você determinar vai acontecer e você precisa basicamente ter um motivo forte, visualizar sendo merecedor e ter coragem para agir. Se eu puder auxiliá-la de alguma forma, pegar na sua mão, eu diria: vamos juntas?

"Todos os dias, você pode ser 1% melhor. O que você tem feito?"

Bianca Rovigatti

Bianca Vargas

Meu nome é Bianca Vargas, tenho 28 anos, nasci em Porto Alegre/RS e resido em Imbituba/SC com meu esposo Kleber Vidal e nossa mascote Amora.

Sou *lash* terapeuta especialista em saúde ocular, proprietária e CEO da Beauty House, maior empresa de beleza de Imbituba/SC, palestrante e estudante de Biomedicina.

Especialista em capacitar empresárias no ramo de extensão de cílios, já formei mais de trezentas alunas e fiz mais de quinze mil atendimentos. Tenho cerca de quarenta certificações nacionais e internacionais.

Meu propósito profissional é incentivar mulheres a lutar por seus sonhos e a conquistar uma vida mais próspera.

Apaixonada por Deus, deposito nEle toda confiança e entrego os meus sonhos e projetos.

biancavargascilios

beautyhouse.bbh

+55 (48) 99686-6160

biancavargascilios

De *Lash* a **empresária**

5 EM MEIO AO CAOS, DEUS TE LEVANTA

Por Bianca Vargas

Venho de uma família simples. Morei até meus 18 anos em Alvorada/RS. Desde a infância, eu era um pouco diferente das minhas irmãs – sou a filha do meio. Sempre muito comunicativa, segundo a minha mãe, eu costumava dizer que seria "rica", sem nem ao menos saber bem ao certo o que seria isso.

Meus pais formavam um lar patriarcal, em que meu pai Valter Santos, meu orgulho e meu exemplo, era quem sustentava a casa e a minha mãe Rosane Vargas, minha inspiração, cuidava de nós. Ao crescer e ver as limitações que a minha mãe tinha, tive a certeza de que não queria aquilo para a minha vida. Aprendi que nós, mulheres, devemos buscar a nossa independência, independente da situação. E o primeiro passo para isso é a independência financeira. Somente com isso conseguiremos de fato ser livres.

Iniciei no mercado de trabalho aos 14 anos. Meus pais sempre deram a mim e minhas irmãs tudo que estava ao alcance deles, porém sem muitos luxos. Mas eu sempre busquei **mais**. Eu queria ir longe. Fui a primeira mulher da minha família a fazer um curso superior, a primeira a ter habilitação e a primeira a se tornar uma **empresária**. Eu vim para quebrar ciclos e padrões, eu vim para fazer a diferença na minha família.

Em 2014, com 18 anos, larguei tudo em Alvorada/RS e me mudei para Imbituba/SC para empreender. Montei um restaurante, mas não tive sucesso, tive de fechar as portas. Tentei empreender com moda feminina, porém também não deu certo. Trabalhei com CLT no comércio, em uma padaria. Nunca fiquei parada e sempre corri atrás dos meus sonhos.

Em 2017, por influência de uma amiga, Carol Canabarro, que é proprietária de um salão de beleza em Cachoeirinha/RS, fiz um curso de extensão de cílios. Porém, não coloquei em prática, sempre esperando o cenário perfeito. Em 2018, meu mundo caiu. Se existia fundo do poço, eu estava mais abaixo. Com o coração dilacerado, sozinha em outro estado, longe da família, desempregada, com aluguel e todos os mantimentos de uma pessoa que mora sozinha para manter. Foi então que dobrei os meus joelhos e disse a Deus: "Eu não aceito mais essa situação na minha vida, eu quero um emprego que mantenha tudo aquilo que eu preciso para viver em paz". E foi aí que o agir de Deus começou na minha vida.

Comecei no quarto de visitas da minha casa alugada. Comprei no cartão de crédito emprestado da minha mãe um kit iniciante de péssima qualidade, com uma maca e um carrinho auxiliar, e decidi tentar sem olhar para o cenário que estava vivendo, sem olhar para as dificuldades. Eu confiei, entreguei e comecei a caminhar. Eu só tinha uma opção: **fazer dar certo**!

Iniciei chamando mulheres para serem minhas modelos. Sempre muito comunicativa, onde eu ia oferecia meu serviço, até mesmo de graça, pois eu precisava treinar e divulgar meu trabalho. Até que os salões começaram a me enxergar e eu conheci meu esposo. Ele foi um grande incentivador, até me presenteou com uma moto para que eu pudesse me locomover até os salões.

Todos os salões que me convidavam para parceria eu aceitava. O que eu queria? Divulgação. Imagina que ótimo os salões que já tinham carta de clientes divulgando meu nome para toda a sua clientela. Eu tinha agenda em todos os bairros da cidade. Às vezes, atendia pela manhã em um espaço, em outro no período da tarde e em outro à noite. E fazia tudo com muito amor e alegria.

Até que em abril de 2019 o meu mundo caiu novamente. Tinha acabado de fazer minha especialização em volume russo, minha agenda estava cheia, já estava faturando bem. Estava na BR101, indo fazer um atendimento, quando fui atingida por uma madeira que caiu de um caminhão. Rolei no asfalto. Quebrei vários ossos e tive escoriações pelo corpo todo. Precisei de mais de seis meses para me recuperar. Aquele sonho que estava se fortalecendo parou novamente. Mas mesmo quebrada voltei aos atendimentos, nunca pensei em desistir. E eu tenho certeza de que nesse acidente Deus guardou a minha vida, fez que eu ficasse forte mais uma vez.

Depois de um tempo, retomei meus atendimentos, voltei com tudo. E com mais gás e vontade. Diminuí os salões que tinha agenda e busquei muito conhecimento e mais especializações. Em 2020, com a pandemia, iniciei a minha carreira como educadora e ministrei cursos VIP iniciantes na área de extensão de cílios. Naquele momento, tinha objetivos: comprar meu carro dos sonhos e montar a minha própria empresa. Não queria financiar nenhum dos dois.

Eu estava atendendo sem folga, só tinha horário para entrar no estúdio parceiro Bruna Lopes. Muitas vezes, atendia das 7h às 23h, sempre com amor e alegria, agradecendo a Deus por me sustentar e me dar clientes, pois eu era a improvável que Deus estava honrando.

Em 2021, comprei meu carro dos sonhos e na sequência comecei a construção da minha sonhada empresa de beleza. Quando falam que os planos de Deus são sempre maiores e melhores que os nossos, acredite, é verdade. Foi então que convidei a minha sócia Bruna Lopes para dar entrada na construção desse sonho, chamado Beauty House. Nosso sonho era pequeno, mas Deus nos honrou com muito mais. Hoje, a empresa possui 400 m^2, com salas individuais de atendimentos personalizados, uma equipe com dezesseis colaboradoras fazendo todos os tipos de serviços de beleza. Nossa empresa é reconhecida por um atendimento personalizado e humanizado, em que prezamos a experiência de cada cliente. Desde então já recebi muitos prêmios como *lash* destaque, palestrante e até mesmo em técnica.

Resiliência é do que todas nós precisamos. Quando iniciei em 2018, queria algo que simplesmente pagasse as minhas contas, mas Deus me honrou com muito mais. Hoje posso transformar vidas com o meu trabalho, hoje sei por que todas as portas se fecharam: porque o meu propósito é muito maior, meu propósito é usar meu trabalho para chegar a mais vidas, para impactar a vida de outras mulheres assim como você, leitora. Deus tem me usado para levantar mulheres, para tirar mulheres de uma vida simples e guiar para uma vida mais próspera. Já tirei mulheres de uma vida sem tempo para família, por conta de um trabalho CLT, que pagava o mínimo, e guiei para uma vida em que elas têm dinheiro, tempo para a família e alegria.

Meu trabalho eleva autoestimas e Deus me usa para levar a palavra de conforto ao coração de cada uma que passa pelas minhas mãos. Durante as palestras, sempre levo a palavra de Deus para confortar e fortalecer os corações de quem escuta.

Você quer saber quais os passos para uma vida de sucesso? Confia em Deus, entrega seus planos a Ele e **caminha**. Deus se alegra de filhos que caminham em busca de seus sonhos. Esses são os três principais passos para uma vida de sucesso e prosperidade. O Pai confia em ti, dê passos de fé a Ele também.

Adversidades irão acontecer ao longo da sua trajetória, mas após todo caos vem a bênção, vem o milagre. O milagre só acontece dentro de um problema. Eu sou a improvável que Deus honrou e ele pode honrar você também. Mas primeiro você vai passar pela prova, pelo teste, e isso deixará você mais forte para quando os dias de glória chegarem.

Se eu não tivesse passado por tanta luta e tormenta, talvez eu não tivesse autoridade para ajudar outras mulheres a vencerem seus medos e suas inseguranças. Hoje posso pegar na mão das minhas alunas e mentoreadas, mostrar o caminho e caminhar ao lado delas. Eu saí do zero e conquistei um império. E você também pode sair do cenário que vive e conquistar todos os seus sonhos, basta confiar, entregar e caminhar. Você pode tudo e muito mais na sua vida, basta crer com todo o seu coração em Deus e em si própria. Você é forte e corajosa o suficiente para transformar a sua vida e buscar todos os seus sonhos.

Conheça o seu propósito de vida e direcione os seus passos a ele. Quando você coloca Deus em primeiro lugar na sua vida, Ele cuida de acrescentar as demais coisas a sua vida. Quando vivemos uma vida em comunhão com Deus, sabemos que nEle até a dor tem propósito. Eu não sei o cenário que você está vivendo hoje, mas sei que existe um Deus que é especialista em transformar cenários e erguer improváveis. E assim como eu, você pode entregar a sua vida nas mãos dEle e deixar que Ele a transforme, que Ele a molde conforme os Seus planos.

Assim como um pai e uma mãe terrena, Deus sabe a hora certa de nos honrar, e você também será honrada. Você é obra-prima de Deus e Ele quer honrar você assim como me honrou. Ele quer erguer você assim como me ergueu. Ele me tirou do nada e me instruiu para que eu chegasse aonde cheguei, e assim será com você. Basta você confiar, entregar e caminhar.

Convido você a me conhecer um pouco mais seguindo as minhas redes sociais e acompanhando um pouco mais da minha história. Sei que juntas podemos conquistar muitas coisas, impactar ainda mais vidas. Conecte-se comigo para juntas termos um voo mais alto, para que juntas possamos crescer e viver uma vida mais próspera em Deus. Eu quero conhecê-la, se você se conectou ou se identificou com a minha história, entre em contato comigo no meu WhatsApp, querida leitora.

“Confia, caminha e entrega tudo nas mãos de Deus.”

Bianca Vargas

Bruna Barbosa

Sou Bruna Barbosa, nasci em Mantena/MG e resido em Woburn, nos Estados Unidos, com meu marido Jonathas Barcelos, com quem sou casada há quinze anos, e minhas filhas Giovanna e Laura.

Sou *lash designer* há mais de sete anos, visagista, criadora do método MBB, mentora e educadora na área e esteticista formada nos Estados Unidos.

Levei a extensão de cílios para minha região e fiz carreira no Brasil. Hoje, fazendo carreira nos Estados Unidos com meu método, saí pelo segundo ano consecutivo na revista de empreendedores *Click Business Magazine*, em Boston.

Ajudo mulheres do mundo inteiro a seguir carreira nessa área e a se posicionar como profissionais de excelência.

brunabarbosacilios

+1 (781) 408-8716

brunabarbosacilios123@gmail.com

De *Lash* a **empresária**

6 BRUBULETAS: METAMORFOSE PARA O SUCESSO

Por Bruna Barbosa

Em meio às adversidades financeiras, encontrei refúgio no Senhor Jesus, buscando orientação para mudar o curso da minha vida e proporcionar um futuro melhor para minha família. Meu marido, apesar de ser um excelente mecânico, enfrentava dificuldades para sustentar nossa casa em um Brasil em que o custo de vida era cada vez mais desafiador para assalariados como ele.

Desde criança, eu sentia o chamado do empreendedorismo pulsar dentro de mim. O entusiasmo e a vontade de prosperar sempre estiveram presentes em meu coração, impulsionando-me a buscar maneiras de gerar renda extra. Ao longo dos anos, experimentei diversas atividades para aumentar nossa renda familiar: desde a confecção de acessórios artesanais até a produção de bombons *gourmet* para vender na feira local.

Apesar de viver em uma cidade pequena, onde as oportunidades pareciam limitadas, eu estava determinada a encontrar meu caminho rumo à independência financeira. Diante da falta de recursos para cursar uma faculdade, decidi investir em mim mesma e buscar novas habilidades. Assim, tornei-me costureira, trabalhando com muita dedicação na indústria de camisarias que prosperava em nossa região. Contudo, meu desejo ardente de alcançar a liberdade financeira não diminuía, e eu sabia que precisava explorar outras oportunidades.

Foi então que decidi fazer um curso de *design* de sobrancelhas, enxergando nessa atividade uma maneira de complementar minha renda. Durante o horário de almoço na fábrica, oferecia meus serviços de *design* de sobrancelhas aos colegas de trabalho, conseguindo assim aumentar meus ganhos. Não demorou para proibirem qualquer outro serviço dentro da fábrica, então parei um tempo de oferecer esse serviço. Apesar desse revés, minha determinação não se abalou. Continuei buscando oportunidades e acreditando no meu potencial para superar os obstáculos que surgiam em meu caminho. Afinal, sabia que minha jornada rumo à independência financeira estava apenas começando. E toda vida tive algo que pulsava para o empreender. Apesar das dificuldades financeiras e do desânimo que nos assolava, minha fé nunca vacilou. Busquei forças no Senhor, confiando que Ele tinha um plano para nós, mesmo quando tudo parecia desmoronar ao nosso redor. Em meio às lágrimas e às incertezas, encontrei conforto nas palavras da Escritura e nas orações que elevava durante as madrugadas.

A vida nos surpreendeu com um golpe doloroso quando nosso visto para os Estados Unidos foi negado. A esperança parecia desaparecer diante de nossos olhos, deixando-nos sem carro, sem dinheiro e sem perspectivas de um futuro melhor. Foi durante um culto na igreja que Deus nos falou de maneira clara e poderosa. Uma palavra de encorajamento, pronunciada por um irmão em Cristo que não tinha conhecimento de nossos planos de partir do país, ressoou em nossos corações, trazendo luz e esperança para nossas almas aflitas. O Senhor nos prometeu prosperidade e honra, mesmo em meio às dificuldades que enfrentávamos.

Com a confiança renovada em Deus, continuamos nossa jornada, enfrentando cada desafio com coragem e determinação. Meu marido, embora tenha enfrentado um revés em sua carreira, não perdeu a fé, e juntos buscamos oportunidades para superarmos as adversidades. Foi em um momento inesperado que uma simples pergunta de uma colega de trabalho se tornou a chave para uma nova oportunidade de negócio. Sem hesitar, agarrei essa chance de transformar minhas habilidades em uma fonte de renda adicional. Mesmo sem recursos financeiros para investir, confiei no Senhor e dei um passo de fé, utilizando os últimos R$ 180 que tínhamos para comprar os materiais necessários, para me dedicar ao *design* de sobrancelhas.

Durante o dia trabalhava como costureira e nas horas vagas me dedicava ao *design* de sobrancelhas, atendendo em domicílio. Essa rotina se estendeu por meses, até que uma nova questão surgiu: a necessidade de trabalhar após o expediente para dar conta da crescente demanda na fábrica. Eu corria o risco de perder minhas clientes fixas.

Foi nesse momento que eu e meu marido tivemos uma conversa séria para tomar uma decisão crucial: comprar um carro ou investir no meu espaço na garagem de casa. Entendemos que cada realização tem seu tempo e ordem, para que as bênçãos não se tornem frustrações maiores. Embora a necessidade do carro fosse urgente, especialmente porque minhas filhas eram pequenas e nosso único meio de transporte era uma bicicleta, tanto nos dias ensolarados quanto nos chuvosos, decidimos priorizar meu espaço. Isso nos permitiria ter mais tempo juntos e eu poderia aumentar minha renda para comprar o carro mais tarde. Deixar meu emprego com carteira assinada, que representava segurança financeira na época, foi uma decisão extremamente difícil.

Cheguei a questionar meu marido se conseguiria ganhar pelo menos um salário-mínimo trabalhando por conta própria. Sua resposta me surpreendeu e me encheu de confiança: "Sim, você não vai ganhar apenas um, mas dois salários aqui!". Com esse incentivo, decidi investir na transformação da garagem em um espaço aconchegante e acolhedor para minhas clientes. Mesmo com recursos limitados, sempre me esforcei para proporcionar uma experiência única e especial para elas. Quando parei de atender em domicílio, perdi a maioria de minhas clientes. Nesse momento, percebi que existiam diferentes públicos a serem alcançados e que precisava encontrar maneiras de aumentar meus ganhos. Foi então que uma propaganda de extensão de cílios apareceu enquanto navegava nas redes sociais. Era uma técnica recém-chegada ao Brasil, completamente nova para mim. Nas cidades do interior como a minha, o acesso a cursos dessa natureza era limitado e os custos para participar deles eram inviáveis.

Mesmo assim, decidi fazer meu primeiro curso básico. Naquela época, eu mal sabia como comprar os materiais adequados, mas enxerguei um enorme potencial nessa área. Lembro-me da minha primeira modelo, sentada em um simples banquinho de ferro, já que não tinha condições de adquirir uma cadeira confortável. Após cinco horas de trabalho intenso, com as mãos suando e dores nas costas, finalizei meu primeiro trabalho com a técnica de extensão de cílios. Apesar dos cílios da minha modelo não terem ficado tão visíveis como eu gostaria, pois comprei extensões muito pequenas, quase imperceptíveis, ela saiu maravilhada com o resultado. Foi nesse momento que prometi a mim mesma que daria o meu melhor e faria a diferença na vida das pessoas com essa técnica inovadora. À medida que comecei a divulgar e atender minhas primeiras clientes de extensão de cílios, surgiram questionamentos sobre os possíveis danos aos cílios naturais. Nem eu mesma tinha certeza se as extensões poderiam prejudicá-los.

Foi então que percebi a necessidade de estudar tricologia, que na época eu nem sabia que tinha esse nome. Aprofundei-me na estrutura do fio natural e aprendi sobre seu ciclo de crescimento. Compreendi que era essencial cuidar e dar pausas nas extensões para preservar a saúde dos cílios naturais. Foi assim que desenvolvi meu próprio método de atendimento, o MBB, e uma técnica avançada que prioriza a saúde dos cílios naturais, embasada em estudos científicos.

Com o tempo, tornei-me referência na minha região, e o número de clientes começou a aumentar. Estendi meu atendimento para a cidade vizinha e eventualmente abri minha própria clínica de estética. À medida que a demanda crescia, precisei de ajuda para atender todas as clientes e comecei a ministrar cursos. Minha vida estava sob controle e eu atendia mais de cinco clientes por dia, com uma renda variando entre R$ 600 e R$ 1.200 por dia.

Com essa estabilidade financeira, adquiri meu próprio carro, assim como meu marido. Realizei viagens que antes pareciam inalcançáveis e até dei ao meu marido a moto dos seus sonhos. Nesse momento, percebi que Deus havia cumprido Sua promessa de prosperidade em nossas vidas, então decidi recomeçar minha vida nos Estados Unidos. Foi uma decisão difícil, mas necessária para reencontrar minha mãe, que não eu via há vinte anos. O desejo de estar perto dela aumentou quando minha irmã e sua família também foram para os Estados Unidos. Deixei para trás minha clínica, com minha prima Mirian assumindo a responsabilidade enquanto eu partia.

Recomeçar em um país onde não conhecia o idioma, as leis e as regras não foi fácil. No entanto, mantive firme meu conhecimento e minha fé como guias. Minha primeira ação foi entender as leis locais. Descobri que precisava estudar estética para atuar legalmente na minha área. Comecei a atender minhas clientes no porão da casa da minha mãe. Trabalhei fazendo limpezas durante trinta dias e nos horários vagos dedicava-me aos atendimentos. Quando meu marido recebeu uma proposta de trabalho em outro estado, mudamos de cidade, e eu voltava para o estado anterior a cada quinze dias para atender minhas clientes.

Matriculei-me em uma escola de estética em Massachusetts, que oferecia mais recursos para imigrantes. Enquanto isso, continuava atendendo minhas clientes em Connecticut para pagar o curso. Essa transição exigiu esforço, mas aos poucos conquistei minhas clientes na nova cidade. Construí minha reputação participando de eventos de *networking* e conhecendo mulheres incríveis. Fui convidada pelo segundo ano consecutivo a fazer parte da *Click Business Magazine*, em Boston, representando meu método. Hoje, sou formada em estética e me tornei uma referência na área, trazendo um atendimento diferenciado com o método MBB. Tenho meu espaço de atendimento e já formei várias alunas com esse método que veio para fazer parte do dia a dia das mulheres modernas.

"Como uma borboleta, minha metamorfose foi guiada pela fé: das dificuldades, emergi com determinação, transformando desafios em prosperidade."

Bruna Barbosa

Camila Gontijo

Meu nome é Camila Gontijo Cruz, nasci em Alfenas/MG e resido na mesma cidade com meu marido e meus três filhos.

Sou *lash designer* há seis anos, mentora, palestrante, conselheira oficial do Conselho Nacional dos Profissionais da Beleza, proprietária de loja com produtos de beleza e organizadora de evento voltado para beleza, chamado Decola Lashes. Tenho mais de trinta certificações na área e já formei mais de quinhentas alunas.

Meu intuito é apenas um: transformar a vida de mulheres e mostrar que, se deu certo para mim, também dará para elas!

camilagontijolashes

decola_lashes

gontijolashstore

+55 (35) 99889-2092

camilagontijo25@gmail.com

De Lash a empresária

7 DA ESCURIDÃO À LUZ DOS PALCOS

Por Camila Gontijo

Minha história se inicia no ano de 2008, quando conheci meu atual esposo. Eu tinha 17 anos e já era mãe de um bebê de 2 meses, hoje com 16 anos. Na época, morava com meus pais, Adriana e Márcio, e minha irmã Bruna e já trabalhava em uma loja de calçados como caixa. Nessa loja aprendi muita coisa. Iniciei trabalhando no estoque e logo depois como auxiliar administrativo. Esse foi meu primeiro emprego e onde conheci meu esposo. Com apenas quatro meses de namoro, fomos morar juntos e meu filho, com apenas 6 meses na época, ficou com meus pais.

Minha mãe perdeu um filho pouco antes de descobrir a minha gravidez. Meu irmão ia se chamar Felype, pois era o sonho dos meus pais ter um filho homem com esse nome. Com a morte dele, eles pediram que eu colocasse o nome do meu bebê de Felype, caso fosse homem, e assim eu fiz. Minha mãe encontrou uma luz no fim no túnel com a chegada do meu primogênito. Ela voltou a sorrir de novo e superou a perda precoce do meu irmão. Foi uma fase muito difícil para mim, chorava dia e noite pela falta do meu bebê, mas preferi sofrer a ver minha mãe novamente em estado de tristeza.

Já morando com meu atual esposo, tivemos fases difíceis, mesmo achando que tudo na minha vida iria mudar. Na época, meu esposo tinha 25 anos e eu, 18 anos, era tudo novo tanto para mim quanto para ele. Aprendemos muitas coisas juntos, principalmente a aceitar nossas diferenças.

Depois de dois anos morando juntos, resolvemos ter nosso filho. Após algumas tentativas, descobri que estava grávida novamente de um menino, chamado Higor, hoje com 14 anos. Foi uma gravidez complicada, muitas idas e vindas ao hospital, quase perdemos o Higor. Quando engravidei dele, estava sem emprego, queria me dedicar a essa gravidez. Higor chegou ao mundo no dia 10 de setembro de 2010 para alegria de todos, um menino lindo e saudável.

Após o nascimento dele, fui procurar emprego. Com apenas 5 meses, ele já foi para a creche e fui trabalhar para sustentar nós dois, pois eu e meu esposo tínhamos nos separado. E é aqui que inicia toda minha luta. Trabalhei com tudo que você possa imaginar: manicure, em supermercado, loja de enxoval, loja de tecido. Consegui zerar todos os registros da carteira de trabalho, mas nunca deixei de trabalhar.

Passado um ano, eu e meu esposo nos reconciliamos em um sábado à tarde. Foi um dia muito feliz, porém ainda não tínhamos voltado a morar juntos, apenas tínhamos conversado. Nesse período de distância, Gilmar se envolveu com diversas amizades "erradas".

Em uma quarta-feira da mesma semana, quatro dias após retomar nosso relacionamento, meu celular toca à 00h33 do dia 04 de junho de 2012, e do outro lado da linha uma voz fala: "Camila, aqui é o doutor Hamilton, o Gilmar foi preso, preciso que venha até essa cidade, nesse endereço, e traga roupa de frio para ele e alguns pertences pessoais".

Foi nesse momento que meu mundo desabou e me perguntei: "Por quê? O que está acontecendo?". E assim eu peguei estrada, pois ele foi preso em uma cidade vizinha da minha. Precisava entender o que havia acontecido, pois naquele dia havíamos nos falado apenas de manhã, e como eu trabalhava em uma loja de calçados e estava em liquidação, não fiz horário de almoço e fiquei o dia todo sem celular. Estranhei o sumiço dele ao não me buscar no serviço, porém não me importei, pois como havíamos acabado de voltar, estava tudo muito instável.

Quando cheguei à cidade que ele havia sido detido, só queria saber o que tinha acontecido. Eu estava perdida, não sabia de nada, estávamos afastados há um ano, não sabia por onde ele andou e com quem ele estava andando. Sabia que ele tinha e tem um coração bom, que nunca tinha feito nada de errado estando comigo. Nesse instante, o delegado me chamou em uma sala e me explicou que foram presas outras pessoas também e que estavam sendo monitorados por escuta telefônica há um ano. Motivo: 157. O papel do Gilmar era buscar quem havia feito o delito, porém ele não chegou, foi pego antes no caminho.

Lembro-me de uma frase que o delegado me disse, naquela madrugada fria, eu com apenas 20 anos: "Menina, não abandone seu companheiro. Ele errou, sim, por companhia, todo ser humano merece uma segunda chance. Ele precisa de você, é nítido que você é uma pessoa do bem, pois também tem falas suas nas escutas, dando conselhos a ele, conselhos da vida. Pense bem, vou ali chamá-lo para uma rápida conversa com você, pois logo temos que descer com ele para o presídio".

Alguns minutos depois, uma mão me toca o ombro. Viro para trás, vejo ele, com as mãos algemadas, tremendo de frio, descalço, uma cena que jamais esquecerei. Olhei para ele e disse: "Por que você fez isso?". Ele chorando, disse: "Me perdoa, você sabe que não sou assim". Olhei bem no fundo dos olhos dele e disse: "Você não vai sair rápido, ficará o suficiente para Jesus lhe curar, pode contar comigo".

Voltei para cidade. Ali me vi sozinha, morando em uma quitinete de três cômodos e com um filho de 1 ano e 10 meses para cuidar. Continuei minha rotina, deixava meu filho na creche e seguia para o trabalho. Depois de uma semana, fui mandada embora, pois meu patrão ficou sabendo que meu esposo estava preso.

Meu Deus, tanta luta e ainda perco o emprego. Eu estava completamente sozinha, pois meus pais pararam de conversar comigo por eu escolher ficar do lado do meu esposo. E eles estavam com toda razão, eles não me criaram para ficar indo em porta de cadeia, mas era o pai do meu filho. Deus me dizia que seria a cura dele, e eu, com toda crença que sempre tive em Deus, acreditava e seguia.

Sem emprego, fui atrás do auxílio-reclusão que preso tem direito, porém não consegui, pois para ter direito a esse auxílio, o preso teria que estar contribuindo com INSS, e meu esposo não estava. Foram muitas lutas sozinha, de ir dormir apenas com água na geladeira e pensar o que iria dar para meu filho comer no outro dia, mas Deus me sustentou em todos os momentos. Gilmar ficou três anos preso na penitenciária Nelson Hungria, em Contagem, a 500 km de distância da minha cidade. Eu fui em todas as visitas, acreditando nas promessas de Deus na minha vida.

Consegui emprego em uma multimarca com um cargo bom e um salário excelente. Esse emprego me ajudou a criar meu filho sozinha e ajudar meu marido naquele lugar. Sou eternamente grata aos meus subordinados daquela época, que sabiam da minha história, respeitaram e me ajudaram.

Foram os três anos mais difíceis da minha vida, quando me tornei forte. Hoje entendo que passei por um processo para ser o que sou hoje. Andei por caminhos sujos, mas nunca me sujei. Estive perto de pessoas perigosas, respeitei e não me igualei.

Depois de exatos três anos de luta, meu esposo ganhou sua liberdade e foi absolvido, e Deus vinha sendo fiel em todas suas promessas. Ele montou novamente sua oficina mecânica e eu fui trabalhar com ele, pois nesse período consegui fazer faculdade de Contabilidade. Trabalhei com ele por dois anos, engravidei do meu caçula Hyan, hoje com 7 anos, e decidimos juntos que eu ficaria em casa por um ano para me dedicar ao nosso filho. Quando ele fez 1 ano, decidi fazer um curso de extensão de cílios, e meu esposo sempre foi meu maior incentivador. Assim, fui para uma cidade a três horas da minha para fazer o curso. Acabei me encontrando nessa profissão, minha vida mudou completamente.

Tenho muito orgulho de toda minha história. Sou organizadora do primeiro congresso de cílios do sul de Minas, chamando Decola Lashes. Convido você a seguir a página @decola_lashes no Instagram. O decola é um projeto de Deus, em que damos oportunidades para mulheres iniciantes na área da beleza e ajudamos famílias necessitadas, pois cada congressista que faz sua inscrição para nossas edições leva 1 kg de alimento para doação. Sou proprietária da loja Gontijo Lashes, de materiais para cílios, já palestrei em grandes palcos, formei mais de quinhentas alunas nessa profissão e faço atendimentos realçando a beleza do olhar dessas mulheres.

Meu esposo se reergueu. Quem olha fala: "Foi Deus". Reconstruiu sua empresa do zero. Hoje ele tem duas empresas. Esse ano completamos 16 anos de casados. Sou a mulher mais realizada dessa vida e posso falar com toda certeza que é preciso cair para levantar mais forte. Nunca desista dos seus sonhos, acredite na promessa de Deus na sua vida, eu sou prova viva que Deus existe e foi apenas ele que nos sustentou e sustenta.

Se você estiver passando por algo que esteja fazendo você querer desistir, eu lhe convido a seguir minha página @camilagontijolashes e depois de tudo que você leu aqui, você verá que sempre tem uma luz no fim do túnel, confie em Deus, coloque ele à frente de tudo na sua vida, pois apenas ele nos capacita.

Deus te abençoe.

"Para se destacar, você precisa fazer diferente."

Camila Gontijo

Camila Vogt

Meu nome é Camila Vogt, tenho 32 anos e sou cristã. Nasci em São Bento do Sul/SC e resido em Itajaí/SC. Sou casada e tenho uma linda filha.

Trabalho com *lash* há nove anos e sou mentora e CEO do maior estúdio de cílios da região. Somos oficialmente a primeira família *lash* do Brasil. Fiz aproximadamente dez mil atendimentos e formei quase cem alunas presenciais. Já recebi dois prêmios municipais e fui reconhecida como referência nacional.

Sou formada em Análise comportamental, pois sou apaixonada por entender como as pessoas "funcionam" e tenho como propósito ajudá-las com minha mentoria.

Sempre pensei que minha vida daria um livro e cá estou, podendo compartilhar uma parte dela com você.

camilavogt_mentoraLash

camilavogt_lashstudio

camivogt_analistacomportamental

De Lash a empresária

8 ATÉ DAR CERTO!

Por Camila Vogt

Minha história com *lash* começou em outubro de 2015. Com 24 anos, era mãe solteira e trabalhava de segunda a sexta-feira limpando casas, e aos finais de semana era freelancer como garçonete, em um barzinho. Dividia o aluguel com minha amiga Nany, que foi quem me deu a ideia de fazer meu primeiro curso, pois desde aquela época eu já amava cílios. De vez em quando eu colava cílios postiços, daqueles bem baratinhos, e ia "faceira" trabalhar. Lembro-me de um dia a Nany me chamar e dizer: "Mi, por que você não faz esse curso? Você sempre gostou dessas coisas. Acho que você se daria bem".

Acho que nunca algo fez tanto sentido para mim. Os cílios nunca foram só por beleza, eles me traziam autoestima e confiança, e ali estava uma oportunidade de fazer outras mulheres se sentirem assim também. Eu havia encontrado meu propósito!

Fiz minha inscrição no mesmo dia e, dias depois, ela me levou até a cidade onde o curso aconteceria, pois naquela época não encontrei ninguém que ministrasse cursos na minha cidade. E foi aí que eu comecei a minha jornada, eu estava prestes a aprender a minha primeira lição e a mais difícil também.

Antes de dar certo pode dar muito errado

Fiz meu primeiro curso e saí muito empolgada, acreditando realmente que estava apta para sair atendendo. Comecei na sala de casa mesmo, sem iluminação adequada, apenas com uma cadeira da cozinha e uma maca. Não demorou muito para eu perceber que não seria tão simples assim. No curso havia aprendido uma técnica que não era saudável para os fios e os materiais indicados também não eram os adequados. Infelizmente, só percebi após algumas tentativas frustradas. Joguei fora o que havia comprado e comecei a testar novos produtos, mas em cinco meses devo ter feito umas seis aplicações no máximo, pois cílios ainda eram um tabu e as pessoas ainda tinham muito receio.

Nessa época, parei de trabalhar à noite e só tinha como emprego "fixo" as limpezas das casas. Também comecei a namorar meu esposo e, poucos meses depois, fui convidada a morar com ele na casa dos meus sogros, o que me levou a um novo desafio. Sem lugar para atender, passei a improvisar na varanda da casa dos meus sogros, que era apenas coberta. Como ainda não havia aprendido que o ambiente poderia influenciar até mesmo na durabilidade da cola, não percebi que trabalhando na varanda os cílios não duravam. As clientes faziam apenas uma vez e não voltavam mais, e eu sem entender o que estava errando.

Mude a rota, mas não o objetivo

Como eu fazia aplicações esporadicamente, precisei mudar a rota e decidi alugar uma casa que tivesse um espaço mais adequado para atender. Também passei a "devorar" conteúdos na internet de profissionais que eram referência, pois queria descobrir em que precisava melhorar. Foi aí que comecei a ver uma luz no fim do túnel. Os vídeos me mostravam pequenos detalhes que precisavam ser ajustados e que fariam toda diferença. Com isso, aprendi algo importante: que nunca devemos parar de estudar, isso faz parte do progresso.

Na casa nova montei minha sala de atendimento, simples, porém mais adequada aos atendimentos. Coloquei em prática o que havia estudado e vi minha técnica melhorando. Investi em mais um curso de aperfeiçoamento, dessa vez um curso VIP, em que aprendi a fazer a técnica volume russo, que era novidade na época e virou febre pouco tempo depois, e me tornei uma das pioneiras na cidade. Porém, muitas clientes não tinham hábito de fazer a manutenção dos cílios, ainda era visto como algo supérfluo, tendo procura apenas para viagens, casamentos ou ocasiões especiais. Às vezes, até era visto como prejudicial aos fios naturais.

O novo sempre será desafiador

Quando você começa a fazer algo que ainda é novo, tudo é mais difícil. É como se você tivesse que abrir uma trilha onde existe um matagal. Era assim que eu me sentia sendo uma das pioneiras na região. Por falta de profissionais, cheguei a ensinar meu esposo a fazer os meus cílios. Queria mostrar para as mulheres que era algo seguro. Ele se saiu tão bem que vi potencial nele, mas ele deixou bem claro que seria só até eu achar outra pessoa. Trabalhar com isso, nem pensar!

Você nunca estará pronto, então avance assim mesmo

Eu sentia que tinha muito o que expandir nessa área e queria poder viver 100% disso. Então, no final de 2017, após conversar com minha amiga Samira sobre meus medos e minhas inseguranças, a conselho dela fiz uma oração pedindo uma direção a Deus. E a resposta dEle me deu segurança para deixar meu outro emprego e me jogar de cabeça no mundo dos cílios. Assim, em janeiro de 2018, iniciei uma nova fase, que mudou tudo.

Embora não fosse o melhor mês na área da beleza, lá estava eu e era para valer. Eu só tinha esse projeto para me dedicar e não tinha opção de voltar atrás. Determinei que faria o meu melhor e me tornaria especialista no assunto.

Lotando a agenda

Criei uma estratégia para conseguir novas clientes e fidelizá-las. Meu primeiro passo foi trabalhar meu Instagram e Facebook, criando uma "vitrine" com bastante conteúdo, postando muita foto de antes e depois, com intuito de chamar novas clientes, e sempre vinha alguém. Nas semanas mais fracas, divulgava solicitando modelos, cobrando um valor bem baixo com o objetivo de aumentar o portfólio, não perder o ritmo e ainda mostrar rotatividade nas redes sociais. Independentemente do valor pago, sempre ofereci o melhor atendimento possível, conhecia o perfil da cliente e oferecia um atendimento personalizado. Consequentemente, muitas voltavam para fazer as manutenções e, com isso, o meu retorno financeiro foi aumentando aos poucos.

Essa estratégia me fez conquistar uma boa clientela em quatro meses e, em abril de 2018, pude ministrar meu primeiro curso para iniciantes, por indicação de clientes. Foi aí que encontrei um novo propósito: meu curso seria um "atalho" para o sucesso das minhas alunas e teria como diferencial não só a técnica de como fazer um bom trabalho, mas também o método que criei para captar e fidelizar minhas clientes, que estava dando supercerto. Assim, elas não precisariam passar por tudo que passei para começar a obter resultados.

Por mais que eu estivesse crescendo no meu negócio, por conta dos nossos gastos com o casamento, meu salário e o do meu esposo ainda não estavam sendo suficientes. Lembro que no meu segundo curso ministrado aconteceu algo até engraçado. Minha cliente, que hoje é minha amiga, queria fazer o curso, porém no momento não tinha o valor. Comentei que aceitava cartão de crédito também, mas ela disse que infelizmente não tinha e até brincou "Meu único cartão é de vale-alimentação". Eu não pensei duas vezes, respondendo "Não seja por isso, eu aceito". Agora você imagina a situação em que eu estava, ela falou brincando, mas vi uma oportunidade de fazer a minha compra do mês.

Mas aonde eu quero chegar com o que você já leu até aqui? É que, para ser fácil um dia, precisou ser muito difícil também. Essa é a parte que muitas vezes antecede o sucesso, mas muitos desistem antes de chegar. Os desafios sempre existirão, independentemente da fase em que você estiver.

Colhendo frutos

Ainda em 2018, mudei de casa pela terceira vez, e dessa vez no mesmo terreno dos meus sogros. Morávamos na parte de baixo e passei a atender na parte de cima, onde meu sogro havia construído uma quitinete para alugar. Meu sogro me ajudou na época isentando por um ano o aluguel, dando assim um tempo para eu investir na sala. E esse foi um ano abençoado! Mobiliei do jeitinho que eu queria, era pequeno, mas bastante aconchegante.

Ali comecei a crescer sem parar, tanto com atendimentos como com cursos. Cheguei a trabalhar de segunda a sábado, 12 horas por dia. Nem eu acreditava no que estava vivendo.

No ano seguinte, realizei o cruzeiro dos meus sonhos, entre outras viagens que sempre idealizei. Comecei a mobiliar minha casa como sempre quis. Tinha lista de espera para atender, caso clientes desistissem. Foi quando percebi que precisava de mais alguém atendendo. Comecei com uma aluna, que depois montou seu próprio espaço, em seguida minha tia e depois minha irmã, que faz parte da equipe até hoje. Passei a ela todo o meu conhecimento, exatamente como fazia em outros cursos, e ela seguiu fazendo tudo tão certinho que, em poucos meses, não tinha mais horários disponíveis também.

Não demorou muito para eu começar a pensar em trazer meu esposo para a nossa equipe. Nessa época, ele trabalhava terceirizado em uma empresa na área de eletromecânica, mas já estava cansado pela falta de reconhecimento. Vi como uma oportunidade para convencê-lo, mas ele não aceitou. Meses depois, ele decidiu tentar algo novo, vindo para o ramo também.

O ano era 2021 e tínhamos três *lashes*. Em 2022, recebi a primeira premiação como melhor da região na categoria Cursos. Estávamos crescendo e o espaço começou a ficar pequeno. Em 2023, tivemos nossa maior conquista e Deus nos honrou por toda vez que tivemos fé. Mudamos para o estúdio dos sonhos, que era exatamente o que eu havia pedido em oração. Nesse mesmo ano, recebemos o troféu de número um da região e fomos reconhecidos como estúdio de referência nacional.

Hoje, somos o maior da região, composto da primeira família *lash* do Brasil, sendo dois casais (eu e meu esposo, minha irmã e meu cunhado) e minha filha, que recém completou 16 anos e está iniciando na profissão também.

Esta é a minha história. Sei que novas conquistas ainda estão por vir, por isso convido você a me acompanhar nas redes sociais, assim você pode me conhecer melhor e acompanhar o meu dia a dia. Sinta-se à vontade para me chamar para conversar, vai ser uma honra ter você por lá. Beijos e até breve!

"Se você não tiver
o dom, mas tiver
perseverança, vai
descobrir o verdadeiro
significado de
talento."

Camila Vogt

Cintya Bondezzan

Sou Cintya Bondezzan e, aos 25 anos, já consegui conquistar minha independência financeira, meu imóvel próprio e meus maiores sonhos, tudo por conta da extensão de cílios.

Sou *master* em extensão de cílios, sobrancelhas e lábios, além de capacitar profissionais por meio de cursos e mentorias, promovendo autoconfiança e beleza única. Também sou palestrante e jurada.

Conhecida por minha abordagem racional e autoritária, sou apaixonada pelo universo da beleza e do empreendedorismo. Formada em Direito e cursando Biomedicina, dedico-me ao aprimoramento de técnicas em extensão de cílios e sobrancelhas, além de ser sócia com minha família de três empresas: o Studio Débora Tadros, a Tadros Academy e a Lashes Store.

@cintyabondezzan
Cintya Bondezzan
cintyabondezzan@gmail.com

De Lash a empresária

9 TRANSFORMANDO SONHOS EM REALIDADE, UM CÍLIO POR VEZ

Por Cintya Bondezzan

Sou Cintya Bondezzan, uma profissional apaixonada e dedicada ao mundo da beleza. Formada em Direito e cursando Biomedicina, sempre busquei integrar conhecimentos diversos para fortalecer minha atuação no ramo empresarial e na extensão de cílios.

Minha jornada e desafios superados

Minha transição do Direito para o mundo dos cílios foi marcada por desafios significativos. Ao optar por seguir minha paixão, enfrentei críticas e julgamentos de amigos e familiares. Quase desisti. Foi um período de incertezas, mas encontrei apoio inestimável no meu namorado, na minha mãe e na minha fé. Essa fase me ensinou que, muitas vezes, seguir nosso coração envolve superar adversidades e desafiar expectativas. **O caminho para o sucesso é pavimentado com determinação e coragem para enfrentar as críticas.**

Para atender às necessidades únicas das minhas clientes e estudantes, decidi me especializar em visagismo. Com essa abordagem personalizada, pude oferecer soluções que transcendem a simples extensão de cílios, proporcionando resultados que harmonizam com a estética facial de cada pessoa. Essa expertise não apenas me destacou como profissional no mercado *beauty*, mas também fortaleceu minha autoridade como mentora em cursos de aperfeiçoamento. Por meio do visagismo, transformo não apenas olhares, mas também vidas, promovendo autoconfiança e beleza autêntica.

Mas, apesar de todas as especializações, o primeiro ano como *lash designer* coincidiu com a pandemia, um período especialmente desafiador devido à minha condição asmática. Pensei em desistir mais uma vez, mas em vez de recuar decidi me especializar ainda mais em biossegurança e saúde ocular.

Essa abordagem não apenas garantiu a segurança das minhas clientes, mas também fortaleceu minha reputação como profissional comprometida com a excelência e o bem-estar. **Nos momentos mais difíceis, encontramos oportunidades para nos reinventar.**

A pandemia também trouxe desafios financeiros para todas as áreas, e a área das extensões de cílios não foi diferente. Em meio ao caos, as pessoas cortaram os gastos com "futilidades" como a beleza, e com isso veio a redução dos atendimentos. Foi quando decidimos abrir a Lashes Store, a princípio como uma fonte adicional de renda.

O que começou como uma solução temporária se transformou em um pilar essencial do nosso império empresarial. Essa experiência reforçou minha crença na importância da resiliência e da adaptação em tempos de crise. **Das adversidades surgem as melhores oportunidades de crescimento.**

Empreendendo em família

Com o sucesso da empresa, tivemos a necessidade de um auxílio maior de colaboradores. Foi quando decidimos que toda nossa família deveria entrar no ramo. Hoje sou cofundadora e gestora de três empresas ao lado da minha mãe, Débora Tadros, e meus irmãos Andrezza e Omar Saul. O Studio Débora Tadros é um centro de excelência em beleza, conhecido por nossos serviços personalizados de extensão de cílios, oferecidos por uma equipe de cinco *lashes* artistas altamente qualificadas. A Tadros Academy, nossa academia de cursos presenciais e on-line, representa nosso compromisso em capacitar novos profissionais e elevar os padrões da área. Por fim, a Lashes Store, que na verdade é mais do que uma loja de produtos para extensão de cílios; é um centro de recursos e suporte para profissionais da área. Com unidades estrategicamente localizadas, oferecemos uma ampla gama de produtos de alta qualidade, garantindo que nossos clientes tenham acesso aos melhores recursos para seu trabalho diário.

Trabalhando em família: desafios e conquistas

Trabalhar em família pode ser um desafio e uma bênção ao mesmo tempo. Em nosso caso, eu, minha mãe, meu irmão e minha irmã formamos uma equipe unida, que enfrenta os desafios do mercado com determinação e cooperação. **Família é a base que sustenta nossos sonhos; união é o caminho para alcançar o sucesso.**

Dificuldades superadas

Os desafios de gerenciar três empresas juntos não foram poucos. Além das pressões naturais do ambiente empresarial, lidamos com opiniões divergentes, decisões difíceis e a complexidade de separar o pessoal do profissional. No entanto, cada obstáculo nos fortaleceu e nos ensinou a importância da comunicação aberta, do respeito mútuo e da resolução pacífica de conflitos. **Os desafios nos testam, mas nossa união nos fortalece.**

Benefícios do trabalho em família

Por outro lado, os benefícios de trabalhar em família são inestimáveis. A confiança mútua e o compromisso compartilhado com o sucesso das empresas nos permitem tomar decisões com maior rapidez e eficácia. Nossa conexão pessoal fortalece nossa capacidade de superar adversidades e celebrar conquistas juntos. **Em família, encontramos o apoio necessário para transformar desafios em oportunidades.**

Crescimento acelerado e sucesso empresarial

Nossa união e determinação em crescer como uma equipe familiar foram fundamentais para o sucesso rápido das nossas empresas. Compartilhamos uma visão comum de excelência, inovação e responsabilidade social, o que nos permitiu não apenas estabelecer, mas também expandir nossas operações de maneira sustentável. **Juntos, transformamos sonhos em realidade e desafios em triunfos.**

Para todos aqueles que consideram embarcar em uma jornada empresarial com seus familiares, quero transmitir uma mensagem de encorajamento. Aproveite as vantagens únicas de trabalhar em família, como a confiança mútua, o compromisso compartilhado e a capacidade de superar obstáculos juntos. Minha jornada empresarial é prova de que com amor, dedicação e visão compartilhada, podemos alcançar grandes feitos. **O sucesso é ainda mais doce quando compartilhado com aqueles que amamos.**

Compromisso com a excelência e a educação

Como *master* em extensão de cílios, sobrancelhas e lábios, dedico-me não apenas ao aprimoramento das técnicas de extensão, mas também ao desenvolvimento de habilidades gerenciais e empresariais entre os profissionais do setor. Ministrar cursos de aperfeiçoamento e atuar como mentora são partes essenciais da minha missão de compartilhar conhecimento e experiência com a próxima geração de *lash designers*. **Educar é capacitar; capacitar é transformar vidas.**

Com mais de sessenta certificados nacionais e internacionais na área de cílios, sobrancelhas, marketing e gerenciamento de empresas, minha busca incessante por conhecimento é uma marca registrada da minha carreira. Cada certificação representa um compromisso contínuo com a excelência e a inovação, capacitando-me a oferecer aos meus clientes e alunos o que há de mais avançado no mercado *beauty*. Essa ampla gama de qualificações não só solidifica minha autoridade como *master* em extensão de cílios e sobrancelhas, mas também me posiciona como uma mentora confiável e experiente em cursos de aperfeiçoamento. Acredito que o aprendizado contínuo é fundamental para superar desafios e criar soluções inovadoras que elevam padrões e transformam vidas. Cada certificado não é apenas um marco pessoal, mas um compromisso renovado em oferecer o melhor em cada aspecto do meu trabalho, inspirando outros profissionais a se destacarem em um mercado dinâmico e competitivo.

Reconhecimento e impacto no mercado

Meu compromisso com a excelência e a inovação rendeu reconhecimento significativo ao longo da minha carreira. Fui premiada como artista revelação e destaque várias vezes, além de ser convidada frequente como palestrante e jurada em eventos de extensão de cílios. Minha formação em Direito não apenas contribuiu para minha capacidade de gerenciar aspectos jurídicos e burocráticos das empresas, mas também me proporcionou uma base sólida para expandir nossos negócios com segurança e eficiência. **O conhecimento é o poder que impulsiona o sucesso sustentável.**

Compromisso com a atualização e inovação

Participar ativamente de eventos e congressos é uma parte integral da minha estratégia para estar sempre à frente das tendências do mercado. Essa imersão contínua me permite não apenas aprender com os líderes do setor, mas também estabelecer conexões valiosas que fortalecem nossa posição competitiva. Tive a honra de me tornar LINCE, integrando o time da Cherry Lash, uma das marcas mais respeitadas no mundo da extensão de cílios no Brasil. **A excelência não é um destino, mas sim uma jornada contínua de aprendizado e evolução.**

Visão e compromisso futuro

À medida que avançamos, meu compromisso continua sendo promover a excelência na área *beauty* e contribuir para o desenvolvimento profissional dos nossos colaboradores e da comunidade em geral. Acredito firmemente que compartilhar conhecimento e apoiar o crescimento dos outros são ações fundamentais para o sucesso a longo prazo. **O sucesso nunca é alcançado sozinho; é resultado da colaboração e do compromisso com a excelência.**

Minha jornada é um testemunho do poder da paixão, da perseverança e do compromisso em seguir nossos sonhos, mesmo diante de desafios aparentemente insuperáveis. **Nunca deixe que os obstáculos determinem seu destino; use-os como trampolins para alcançar novas alturas.**

Minha abordagem profissional é guiada pela busca constante pela excelência, inovação e responsabilidade social. Acredito que cada desafio oferece uma oportunidade única para aprender e crescer, e é esse compromisso com o desenvolvimento contínuo que impulsiona nosso sucesso. **Inovar é transformar ideias em realidade; excelência é transformar resultados em legado.**

E, para todos os profissionais da área *beauty* e aqueles que estão buscando seguir seus sonhos, quero deixar uma mensagem de inspiração: nunca subestime o poder da sua paixão e determinação. Cada desafio que você enfrenta é uma oportunidade para fortalecer sua resiliência e alcançar novas conquistas. **Seja corajosa, seja persistente, seja você mesma – e o sucesso seguirá.**

Minha jornada é um testemunho de que, com trabalho árduo, comprometimento e uma visão clara, podemos superar qualquer obstáculo e alcançar nossos objetivos mais ambiciosos. Continuarei dedicando-me a elevar os padrões da indústria *beauty*, compartilhando conhecimento e inspirando outros a perseguirem seus sonhos com paixão e determinação.

"Juntos, podemos criar um futuro em que cada desafio seja uma oportunidade para prosperar."

Cintya Bondezzan

Foto: Gilson Dias @gilsondiasfotografia.

Cristiane Gomes

Meu nome é Cristiane Gomes, tenho 37 anos, sou casada e tenho três filhos, sendo duas meninas e um menino. Nasci em Simões/PI e lá morei até meus 2 anos. Meus pais sempre tiveram o sonho de morar em uma cidade grande, para ser mais específica, em São Paulo, e foi a partir daí que fomos viver aquele sonho que era quase impossível de ser realizado. Hoje moro em Jacareí, no interior de São Paulo.

Tenho diversas formações em várias áreas, mas a única área que me fez ter sucesso e me sentir realizada foi a Estética. Sabe quando a cliente entra para um atendimento e você sente aquele frio na barriga? Essa sensação me faz ter certeza todos os dias de que estou no caminho certo.

cristianegomes.master

De Lash a empresária

10 TRABALHANDO EM UM SONHO

Por Cristiane Gomes

Sempre tive o sonho de ter a minha própria empresa, afinal quem nunca sonhou em ter o próprio negócio? Durante a minha formação em Estética, trabalhei com massagens corporais e alongamento de unhas, através de uma oportunidade dada por uma grande amiga chamada Isabel Claudina, que tem uma empresa de Enfermagem, e foi a partir daí que tudo começou.

Fazia alguns atendimentos voltados para estética, por volta de 2018, na cidade vizinha em que eu tinha aquele espaço na empresa da Isabel. Então surgiu a febre do alongamento de cílios, algo que era novo para mim.

Como todos sabem, o começo não é fácil para ninguém, mas com muita luta, força de vontade e Deus na minha vida tudo começou a se encaixar. Naquela época, eu ainda não tinha tantos atendimentos nos procedimentos que eu realizava, e com a ajuda dessa grande amiga e apoio do meu marido e da minha mãe tive a oportunidade de fazer o meu primeiro curso de alongamento de cílios. A partir daí surgiu a minha grande paixão por cílios.

Você que está lendo estas palavras saiba que eu também tive muita vontade de desistir, confesso que até hoje tenho. O que me mantém motivada é poder olhar para trás e ver tudo o que conquistei. Passei dias sem atender nenhuma cliente e mesmo assim não desisti.

Após finalizar aquele curso, comecei meus primeiros atendimentos com alongamento de cílios, foi quando percebi que podia ser um grande sucesso na área, mas para alcançar o sucesso é necessário muito conhecimento e paciência. Com o tempo fui me aperfeiçoando nos procedimentos e conquistando mais clientes por oferecer um resultado duradouro e esteticamente bonito. Trabalhei nesse espaço por aproximadamente três anos, e durante esse período muita coisa aconteceu, tanto positivas quanto negativas. Eu sabia que podia realizar diversos sonhos através dos cílios.

No último ano antes da minha mudança de espaço, perdi uma parente muito importante na minha vida. Confesso que nunca tinha passado por isso. E como se não bastasse isso, descobri um problema de saúde que precisava de cirurgia. Foi nesse período que tive que me afastar do meu estúdio; parecia que aquele sonho tinha ido por água abaixo, até porque, quando ficamos muito tempo afastadas, automaticamente as clientes buscam outros profissionais.

Sou grata a Deus por ter um marido que sempre me apoiou e nunca me deixou desistir, ele é aquele alicerce que mesmo dentro do caos me acalma, sem nem dizer uma palavra. Sempre quis ver o meu sucesso, faz que eu enxergue todos os pontos positivos e me lembra o porquê de eu estar aqui. Após a minha recuperação, resolvi que precisava fazer uma mudança para recomeçar. Entendi que os meus filhos precisavam mais da minha presença como mãe, e foi aí que percebi que tinha que trabalhar em um local mais próximo da minha família.

Depois dessa mudança fiz diversas parcerias de atendimento e fui me aperfeiçoando cada vez mais na área. Atualmente, para ser uma boa *lash designer*, é necessário sempre estar por dentro das novidades, fazer cursos de técnicas diferentes e principalmente participar de eventos envolvendo todas as novidades do mercado. A maioria das *lashes* acham que só fazer um curso é o suficiente para ser uma boa profissional, mas não é, inclusive eu sou a prova disso.

Estou há oito anos na área de Estética e fiquei estacionada por seis anos. A partir dessa percepção, comecei a ver outras pessoas que começaram depois de mim subir nos palcos para palestrar em eventos importantes. Naquele momento, percebi que precisava mudar, mas em que eu estava errando? Para entender melhor o que estava me impedindo de fazer sucesso, comecei a participar de *workshops* e diversos congressos. Foi assim que meus olhos finalmente se abriram e novas oportunidades vieram na minha vida. Em um desses eventos, aprendi algo que pretendo levar comigo para a vida toda e quero ensinar para vocês.

O primeiro passo para o seu crescimento é cuidar de você. Como está sua vida hoje? A minha vida nessa época estava uma bagunça, entrava cedo e trabalhava até tarde todos os dias, não tinha tempo para nada, não conseguia ter lazer e descansar, porque sempre ficava pensando no trabalho. A partir disso aprendi que se o meu corpo não está bem, então nada está bem. Então, levante cedo todos os dias e organize uma rotina produtiva para cuidar ainda mais da sua saúde e do seu corpo, ter um momento de agradecimento a Deus por tudo o que você tem.

Foi exatamente nesse momento que o Lucas entrou na minha vida. Um personal incrível que cuida da minha saúde todos os dias, até porque ter um corpo saudável significa ter uma mente saudável e organizada. Sou grata a ele por sempre me ajudar e me incentivar mais cada dia que passa, procurando sempre a minha evolução em algo que hoje para mim é uma terapia. Se não sabe por onde começar uma mudança, comece cuidando de você.

Depois que organizei minha rotina comecei a trabalhar em outros projetos com o objetivo de passar para o próximo nível. A partir daí, minha vida começou a ter outra direção, a direção do sucesso e do reconhecimento do meu trabalho. Percebi que precisava passar conhecimento para quem estava estacionada como eu um dia estive; cresceu dentro de mim uma vontade de mostrar para todos o meu talento e a minha capacidade de ser tudo aquilo que sonhei um dia. Só acreditando em si mesma e parando de olhar o quintal do vizinho que você começa a enxergar o que precisa melhorar e o que precisa mudar por completo.

A partir disso tudo foi evoluindo e abri meu estúdio na minha cidade. Era apenas uma sala comercial, mas já estava muito feliz, até porque para mim já era uma grande conquista. Fiquei nessa sala por aproximadamente dois anos e nesse meio tempo fui crescendo com muita dedicação e estudo. Sempre tive um desejo muito grande de subir em um palco para compartilhar meu conhecimento, mas para isso teria que descobrir qual era o meu diferencial.

Comecei essa luta fazendo uma enquete e algumas pesquisas entre as minhas clientes e todas sempre elogiavam a minha agilidade para fazer cílios. Isso me surpreendeu e comecei a contar quanto tempo duravam os meus atendimentos. Percebi que as minhas clientes ficavam em torno de uma hora e meia comigo. Comecei a estudar a fundo algumas técnicas e, com muito estudo, fiz uma junção e criei o meu próprio método, em que conseguia fazer um atendimento de cílios em torno de uma hora com a durabilidade de trinta dias. Atualmente esse método é conhecido como LashTime, cílios em 1 hora, que é um sucesso no meu estúdio e um dos principais assuntos nas minhas palestras.

Com essa técnica ganhei os palcos, viajei para vários lugares palestrando e ensinando outras *lashes* empresárias a fazer sucesso na área da beleza. Atualmente sou referência em tempo, palestrante e como *master* dou cursos. Aquele estúdio, que antes era uma sala comercial, agora é um sobrado térreo, localizado em frente ao shopping da minha cidade, com uma fachada na entrada com o meu nome e os tipos de procedimentos feitos. Tenho uma equipe parceira com vários outros procedimentos na área da beleza. Atualmente somos uma empresa crescendo cada vez mais com muita dedicação e reconhecimento.

Hoje estou aqui escrevendo para vocês por puro mérito; trabalhei muito para chegar até aqui, poder contar um pouco dessa trajetória e mostrar que não é só colar fiozinhos no olho, existe um grande desafio por trás de tudo isso. É claro que devemos desvendar mais conhecimento a cada dia que passa e nunca perder a nossa essência, não sendo necessário puxar o tapete de ninguém.

Os projetos não param, continuo buscando evoluir mais e mais, inclusive ainda tenho muitos sonhos para realizar e sei que só depende de mim mesma. Mas agora vou contar um segredo: todas as vezes que pensar em desistir, lembre-se de que você é uma guerreira e tudo só depende de você e do seu esforço. Levante-se cedo, corra atrás dos seus objetivos e nunca deixe ninguém dizer que você não é capaz, saiba que tem espaço para todos brilharem do jeito que querem. Guerreira, ultrapasse seus obstáculos dia após dia com dedicação, muito esforço e Deus em primeiro lugar, que tudo se tornará realidade.

Agradeço a minha família, por sempre me apoiar em toda decisão na minha vida; ao meu marido Fabricio Lopes, por sempre estar comigo sendo esse porto seguro na minha vida; aos meus filhos, por serem o motivo do meu esforço todos os dias; e especialmente a minha filha mais velha Fabrine Gomes, que me deu total apoio e incentivo para continuar escrevendo esse livro.

Um até logo para vocês, ou será que posso dizer até o próximo livro?

Com muito carinho no coração,

Cristiane Gomes

"Guerreira, a força de que você precisa para superar qualquer obstáculo está dentro de você. Não há limites para vencer."

Cristiane Gomes

Débora Tadros

Sou Débora Tadros, extensionista de cílios, micropigmentadora e *master* na área *beauty*. Nasci em 24 de julho de 1972, sou viúva e mãe de quatro filhos. Aos 40 anos, entrei na área da beleza, desafiando a crença de que "não daria mais tempo", e construí meu império.

Fundadora do Studio Débora Tadros, Tadros Academy e Lashes Store, minha trajetória é marcada por dedicação e inovação. Especializei-me em técnicas avançadas de cílios, sobrancelhas e lábios e, como mentora, transformo a vida de muitos profissionais da beleza. Ofereço cursos de aperfeiçoamento pela Tadros Academy.

Atuo principalmente como palestrante e ministrante, deixando meu legado ao compartilhar conhecimento com mulheres, inspirando-as e capacitando-as para alcançarem seus sonhos e objetivos.

studio.deboratadros

deboratadrosstudio@gmail.com

De Lash a empresária

11

DO ZERO AO SUCESSO

Por Débora Tadros

Meu nome é Débora Tadros, tenho 51 anos, sou *lash designer* e micropigmentadora. A minha história não tem nada de extraordinário, e é justamente por isso que ela é especialmente extraordinária para mim. Sou uma mulher comum, com uma família comum, um sonho comum, mas movida por uma força incomum.

A história que eu vou contar neste capítulo é a história de como eu me tornei uma transformadora de olhares e como aprendi que esse acontecimento tão simples pode mudar a vida de mulheres. Preciso adiantar que houve momentos em que eu quis desistir por vários motivos, mas algo dentro de mim lutou contra isso. Meu espírito sempre teve vontade de viver por quem eu amo. Afinal de contas, uma vida próspera não está relacionada diretamente ao dinheiro que você consegue com o seu trabalho, mas com os benefícios que ele proporciona, como segurança, conforto, momentos e memórias felizes a todos que estiverem à sua volta, sejam seus familiares, clientes ou colaboradores. O trabalho duro sempre vem acompanhado de valor e propósito, e foi isso que ele trouxe para mim.

Meu mundo comum

Antes de ser *lash designer* e micropigmentadora, eu já era apaixonada e habitante do mundo da beleza. Era cabeleireira e tinha meu próprio salão em Embu Artes, em São Paulo. Um talento que me permitiu sustentar e cuidar da minha família ao lado do meu marido por longos doze anos.

Alguns anos depois, decidimos nos mudar para Sorocaba, no interior de São Paulo. Naquela época a vida me apresentou muitos desafios. Tínhamos quatro filhos para criar, meu marido trabalhava fora e precisava ficar alguns dias longe de casa, enquanto eu ficava encarregada de cuidar das crianças.

Os gastos eram muito altos, eu precisava continuar trabalhando. Não tinha família por perto para me ajudar ou outro tipo de apoio. E mais uma vez aquela força incomum me amparou de todas as formas.

Meus primeiros passos

Foi então que em 2013 surgiu a oportunidade de eu fazer o primeiro curso de alongamento de cílios. Com essa especialização, eu poderia trabalhar em casa e ao mesmo tempo cuidar dos meus filhos, e não precisaria de um superinvestimento e uma superestrutura para começar. Como era uma novidade no mercado brasileiro da beleza, existiam poucas profissionais exercendo a profissão.

Esse primeiro curso que realizei carecia de grandes técnicas. Os pelinhos eram colocados de forma totalmente incorreta, sem o isolamento dos fios, sem dosagem na quantidade da cola ou qualquer medida higiênica. Não havia preocupação com a saúde ocular das clientes, a prioridade era o resultado estético: cílios dramaticamente grandes e curvados. Era necessário executar um trabalho seguro, que não colocasse em risco o bem-estar das clientes. Então, senti que precisava estudar mais.

Cursos e formação

Quando falamos de estabilidade no mercado da beleza, devemos sempre ter em mente que ele é totalmente volátil. É certo que alguns métodos e serviços sempre irão existir, enquanto outros serão só uma tendência, mas todos sempre estarão sujeitos a se desenvolver. Foi pensando nisso que eu fiz alguns cursos. Hoje, coleciono mais de setenta certificados nacionais e internacionais na área da beleza. Cada uma dessas formações me ensinou alguma coisa diferente.

Com a demanda aumentando e minha técnica muito satisfatória, decidi começar a dar cursos. Adaptei uma sala na minha casa mesmo e comecei com cursos individuais ou em duplas. O tempo foi passando e as duplas passaram a ser grupos de quatro, cinco, seis meninas. Nessa fase, eu já estava muito feliz e realizada com a evolução do meu trabalho. O orçamento começou a aumentar, o meu nome começou a ter mais relevância e meu pequeno grande estúdio já tinha passado de uma simples sala de atendimento para uma escola de formação de profissionais, a Tadros Academy.

Não é à toa que dizem que o sucesso é proporcional à quantidade de pessoas que você toca e quantas vidas além da sua você consegue mudar através do seu trabalho. Eu já podia me considerar uma mulher vitoriosa.

Julgando pelo meu processo de aprendizado, sei que ter um mentor é essencial na jornada de um indivíduo, pois para que um profissional possa executar bem o seu trabalho, ela precisa adquirir segurança, e isso se torna muito mais fácil quando há alguém capacitado te ajudando.

Ninguém sabe para onde vai sem ter um caminho trilhado. Eu precisava agir como uma mentora e trilhar o caminho das minhas alunas. Além de ensinar sobre visagismo, ética profissional e como construir um relacionamento com as clientes, eu senti que era necessário pegar nas mãos delas e mostrar como se executa o trabalho na prática, a importância da leveza nas mãos na aplicação. São pequenos detalhes que, se passam despercebidos, alteram totalmente o resultado e comprometem a sua excelência. Naquele momento, as minhas alunas, de fato, sentiam-se seguras e gostavam do meu método. Elas obtinham o sucesso que eu apresentava e dizia ser possível para elas. O meu método funcionava.

Foi em uma dessas mentorias às minhas clientes, enquanto eu recebia fotos diárias de seus trabalhos, que uma delas me surpreendeu pela sua evolução. Logo propus que viesse trabalhar comigo, ela aceitou e ficou no estúdio por quatro anos.

A procura pelo meu curso, que para mim já era totalmente satisfatória, tornou-se ainda maior. A minha casa já não comportava mais a quantidade de pessoas interessadas. Foi quando me dei conta de que o negócio estava crescendo, já não conseguia mais cuidar da parte administrativa, financeira, comercial e operacional sozinha.

Nesse meio tempo, surgiu a pandemia, que contrariou as nossas expectativas e, em vez de piorar, melhorou o nosso negócio. Com a ajuda das minhas filhas, que são o meu braço direto, decidimos criar um curso on-line de *lash lifting* e abrir uma loja de materiais para extensão de cílios. Felizmente, o curso foi um sucesso de vendas. Eu entreguei algo que as mulheres estavam buscando, e isso não apenas as ajudou financeiramente, mas também trouxe esperança naquele momento tão difícil.

O resultado da loja também foi muito satisfatório. Atualmente temos uma unidade em Sorocaba e outra em São Paulo. Sou muito grata por ter encontrado um bem maior nesse acontecimento inesperado. Ser empreendedora é isto: ver os obstáculos como uma oportunidade. Precisamos entender a dor do outro e usar o nosso talento para oferecer a solução.

O estúdio dos sonhos: a reforma e uma equipe talentosa

O estúdio finalmente ganhou uma cara nova, com uma estrutura confortável para receber minhas queridas clientes e alunas. Além de lindo, o espaço precisava ser prático e funcional. Pensamos em todos os detalhes a fim de tonar o ambiente confortável e garantir uma experiência inesquecível para cada cliente que recebemos.

Equipamos o estúdio com macas anatômicas para que as clientes tenham conforto durante os procedimentos, caprichamos no cantinho do café para que elas possam apreciar deliciosos lanchinhos e fiquem à vontade enquanto esperam, construímos a sala de cursos com tudo o que é necessário, mudamos a decoração, climatizamos o ambiente.

Mediante a todo esse movimento e conquistas, precisei aumentar a minha equipe que hoje é composta de todos os meus filhos e alguns colaboradores contratados, que recepcionam as clientes, gerenciam as agendas de atendimentos e de cursos, as redes sociais, a gestão financeira, a administração das lojas... Também conto com minha maravilhosa equipe de *designers*. Reconheço o esforço e a dedicação que cada uma tem. Por isso, prezo por oferecer comissões justas.

É importante entender que cada profissional tem necessidades e preferências diferentes. Por isso, também permito que elas moldem suas agendas de acordo com suas disponibilidades e compromissos pessoais. Isso cria um ambiente totalmente flexível e saudável.

O futuro e o que esperar dele

Estou na área há onze anos e posso dizer que minha jornada como *lash designer* e micropigmentadora me ensinou que a beleza vai além da aparência externa – ela está na confiança que cultivamos em nossas clientes, alunas, e na capacidade de impactar positivamente a vida de outras pessoas. Essa é a vida pela qual eu trabalhei e me dediquei. Atualmente, minha principal atuação é como palestrante e ministrante de cursos e mentorias, compartilhar conhecimento é a minha vocação. Fechar um capítulo e abrir portas para outro.

Meu próximo passo? Criar um projeto de caridade em Embu das Artes, onde vivi boa parte da vida. Poder presentear mulheres que desejam melhorar suas vidas, mas não têm oportunidade de pagar um curso. Nesse projeto, ensinarei gratuitamente mulheres de baixa renda, baixa perspectiva de vida, mães solteiras que enfrentam dificuldades. Desejo que essas mulheres alcancem estabilidade e uma vida próspera.

Hoje, depois de ter formado em torno de seiscentas alunas no curso presencial, quatrocentas alunas no curso on-line, ter o estúdio com seis profissionais trabalhando comigo, duas lojas e um projeto prestes a sair do papel, olho para trás com muita gratidão a Deus, pois Ele é a força incomum que me trouxe até aqui. E, é claro, ao meu querido marido e filhos, que sempre me apoiaram e foram o meu suporte nas mais aflitas dificuldades.

Este é apenas o começo. Há muitas histórias a serem contadas, muitos olhares a serem transformados. Estou ansiosa para continuar escrevendo cada palavra desse livro que chamamos de vida. Que nossos cílios sejam longos, nossos olhares profundamente esperançosos e nossos corações cheios de amor! Obrigada por me acompanhar até aqui.

Com carinho,

Débora Tadros

"Construa um
império e realize
seus sonhos, mesmo
quando todos –
incluindo você –
acreditam que o tempo
e as possibilidades se
esgotaram."

Débora Tadros

Érika Moraes

Meu nome é Érika Moraes, tenho 40 anos e sou proprietária de um estúdio de cílios e salão de beleza na cidade de Tremembé, interior de São Paulo. Sou casada e mãe de quatro filhos.

Quando conheci a área da beleza, fiquei apaixonada. Comecei como *designer* de sobrancelhas e atendia em domicílio, pois não tinha dinheiro para montar um estúdio. Na época, estava recém-divorciada e com dois filhos para cuidar sozinha. Com os atendimentos em domicílio, consegui enfim montar meu estúdio, simples, e sou grata a Deus por isso.

erika_lashtelista

12 O PODER DA PERSISTÊNCIA

Por Érika Moraes

Nascida no interior de São Paulo e filha de família humilde e sem recursos, comecei a trabalhar bem novinha na olaria fazendo tijolos, um trabalho árduo que exige muita força física. Com 9 anos, já acordava às 4h da manhã para trabalhar com meu pai, que amo de paixão, pois devo muito a ele.

Com 15 anos, engravidei de minha primeira filha e me casei. Aos 29 anos, eu me divorciei. Saí dessa relação levando meus dois filhos e voltei para casa de meu pai, uma fase que foi muito difícil.

Para poder sustentar meus filhos, fui trabalhar de empregada doméstica e serviços gerais. Vi meus filhos passarem muitas necessidades básicas, não tinham brinquedos ou roupas. Eu comprava material escolar com cartão emprestado e fazia muitas prestações, e isso me matava. Eu tinha crise de pânico e não dormia pensando no amanhã. O pai deles não me ajudava, pois ele não estava de acordo com a separação.

Cheguei a sofrer humilhações, porque uma pessoa sem recursos algum, como eu naquela época, infelizmente passa por isso. Sempre fui evangélica, sempre orei a Deus por um trabalho melhor.

Um dia, rolando o feed do Facebook, vi um anúncio de um curso de *design* de sobrancelhas. Eu não tinha noção de como era, nunca me imaginei fazendo atendimento de sobrancelha, porque era muito tímida, um bichinho do mato, mas fui. Peguei um cartão emprestado e paguei o curso, que custava R$ 70.

Alguns dias depois, comecei a atender no salão de uma amiga, Vivian Santos, e lá fiz minhas primeiras clientes (uma coisa que me marcou nessa época). Como eu não tinha fotos de trabalhos, peguei uma no Facebook da professora, e isso me trouxe uma vergonha muito grande, pois ela me ligou e pediu que eu tirasse porque era o trabalho dela. Sem nenhum apoio daquela que me ensinou, fiquei dias chateada. Hoje lembro disso e, como professora, tento todos os dias fazer diferente e encorajar minhas alunas a persistirem.

Com o passar dos meses, montei um pequeno espaço em frente à minha casa, onde cabia somente um espelho e a cadeira de atendimento. Como eu ganhava bem pouquinho e tinha poucas clientes, fui obrigada a ter um plano B, que se tornou meu plano A em poucos meses. Com a ajuda de um anjo que não me pediu nada em troca, ganhei uma van ano 91, que estava encostada há anos. Arrumamos esse carro e comecei a pegar alunos e levar para a faculdade. Como a van era bem velha, não tinha a licença que eu precisava, mas larguei meu negócio de sobrancelhas mesmo assim, pois tinha medo de não conseguir pagar meu aluguel e comprar o básico. A situação me obrigava, mas eu também gostava muito de dirigir.

Eu me dediquei com muito amor a esse negócio e ele me trouxe bastante retorno. Um dia, a polícia me parou e pediu a licença que eu não tinha. Tive que voltar a pé com mais quinze alunos.

Foi a partir daí que eu tive coragem e financiei uma van que tivesse licença e tudo mudou para melhor. Estava vivendo uma vida muito melhor até começar a pandemia, que foi quando eu fiquei totalmente sem trabalho. Foi quando uma pessoa me disse: "Mas, Érika, você faz sobrancelhas". Mesmo sabendo que não tinha ganhado dinheiro fazendo sobrancelhas, fui atender novamente no salão de minha amiga, que sempre me abriu as portas. Eu fazia as sobrancelhas com tanto capricho que um dia uma das minhas clientes me perguntou: "Você ensina minha nora a fazer sobrancelhas?", e mais duas pessoas me pediram a mesma coisa. Eu respondi: "Ensino! Só vou montar como isso será feito e agendamos o dia".

Montei a grade do curso e a apostila, coloquei um valor e elas aceitaram. Foi assim que ministrei meu primeiro curso de *design* de sobrancelhas. Em cidade pequena, a notícia corre e foram aparecendo alunas e mais alunas. Foi uma coisa surreal, eu não havia planejado. Deus tem um jeitinho de trabalhar na minha vida que eu amo.

Ministrava cursos VIP de *design* e fazia atendimentos. Foi quando eu percebi como a área da beleza é próspera. Comecei a investir nas redes sociais, fazer stories falando com as pessoas. Eu morria de vergonha, mas estava lá. Como eu não tinha um planejamento para isso, fazia de forma totalmente amadora, não me preocupando com o posicionamento, mas tudo é um aprendizado e não paramos de adquirir conhecimento, não é?

Após algum tempo, eu quis aprender a fazer cílios e procurei um curso. Fiz com a mesma pessoa que fiz o curso de sobrancelhas. Na época, era aquele método dos cílios no potinho. Eu estava escrevendo mais um capítulo da minha vida. A partir daí me dediquei muito para entregar cílios lindos. Foram dois anos de treinamento, porque eu era muito ruim, muito mesmo, mas eu não desisti e treinei e treinei. Após esse período, comecei a entregar resultados incríveis. Nessa época, já tinham muitas *lashes* no mercado, era difícil se destacar, mas eu era uma *lash* conhecida na minha cidade.

Certo dia, vi uma técnica no Instagram e me encantei, foi amor à primeira vista. A técnica em questão era cílios em tela. Decidi conhecer a fundo, fiz o curso e acessei a mente da minha mentora. Trouxe a técnica para o meu estúdio, mas não deu certo. A técnica não tinha retenção, pois usava cola a base de água e látex. O resultado ficava grosseiro, não era delicado, mas não desisti. Foi quando decidi estudar, aplicar e treinar criando uma técnica de cílios em tela, montado com fios tecnológicos nos efeitos do fio a fio e aplicado com a cola de ciano. Testei em mais de cem mulheres a durabilidade, o conforto e se poderia danificar os fios naturais. Fui ajustando até que alcancei o que queria, o negócio deu certo!

A partir daí comecei a fazer as divulgações e a curiosidade das pessoas me trouxe muitas mulheres. A maioria está comigo até hoje, após quase dois anos, clientes fidelizadas e felizes.

Comecei a investir em tráfego pago e a peneirar as clientes. Uma coisa que é preciso entender é que uma técnica pode não ser para todo mundo. Nem todo mundo vai gostar de rosa ou de preto. Hoje tenho uma carteira de mais de oitenta clientes fixas, cobrando o mesmo valor da técnica de 3 horas de procedimento em uma técnica de 30 minutos, ou seja, eu ganho muito bem e ainda tenho tempo livre de qualidade. Sou feliz com a minha técnica, sou reconhecida, tenho alunas em muitos países, não só no Brasil.

Sou *lash* telista com amor e sucesso. Sou mãe de quatro filhos, e dois deles estão empreendendo na estética: a Gabriele, de 24 anos, expert em alisamentos e bem conhecida na cidade, com a agenda cheia; e Gabriel, de 20 anos, que está começando com uma franquia de barbearia. Eles são independentes e bem-sucedidos. E os outros dois filhos são pequenos e vivem uma realidade diferente da que os dois maiores viveram. Hoje posso oferecer a eles mais conforto e alegria, e tudo isso quem me trouxe foram os cílios e as sobrancelhas. Sou imensamente grata a Deus por todo caminho percorrido e por cada pequena conquista.

Um conselho para quem está começando: se você está com poucas clientes, pegue modelos, mas sem anunciar. Pegue alguém próximo, alguém jovem. Capriche para entregar um resultado lindo, faça fotos de todos os ângulos, faça vídeos de antes e depois e de você atendendo. Pelo menos uma vez por semana faça isso, publique sempre nos stories, explique a sua técnica, fale dos benefícios, apresente transformação por meio daquele procedimento. Se vista bem, aja com postura, sempre trabalhe maquiada, linda e cheirosa. Atente-se a esses detalhes e você vai ver que sua agenda vai se transformar. Faça o que precisa ser feito com o que você tem. Essas pequenas atitudes vão atrair inúmeras clientes para você.

Aqui me despeço de você. Essa é a minha história bem resumida, parte de mim e da minha essência. Desejo que minha história incentive cada um de vocês. O medo sempre estará presente. Primeiro o progresso, depois a ordem. Somente pessoas corajosas alcançam sucesso.

Vou deixar a seguir uma das minhas conquistas: minha sala de atendimento hoje, 2024, e em 2019.

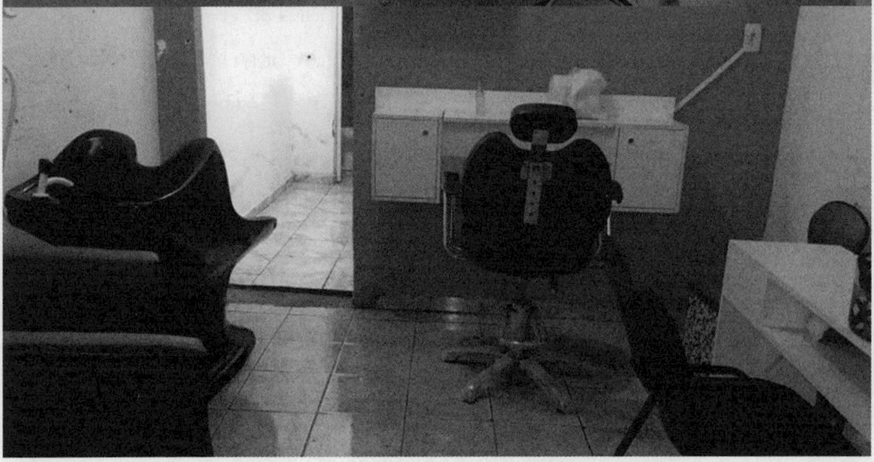

"Tudo o que tem foco cresce."

Érika Moraes

Foto: @nadinyweddings; @studiolippi.

Gabrielli Ferla

Sou Gabrielli Ferla, de Caraguatatuba/SP. Mãe orgulhosa de dois filhos, que são a luz da minha vida.

Transformei minha paixão por cílios em uma carreira de sucesso. Atuo há mais de seis anos como *lash designer*, dominando todas as técnicas. Especialista em volume russo e volume light em 40 minutos.

Minha jornada profissional me fez ser educadora, palestrante e embaixadora de eventos, compartilhando conhecimento e inspirando outros profissionais. Hoje, com imensa honra, também sou autora, pronta para dividir minhas experiências e técnicas com um público ainda maior.

Como CEO do espaço Gabrielli Ferla, tornei-me referência em Caraguatatuba, proporcionando resultados perfeitos para minhas clientes. Meu compromisso é com a excelência, a inovação e a beleza.

gabrielliferlalash

Gabrieli Ferla - Alongamento de Cílios

13 DE MENINA A MULHER

Por Gabrielli Ferla

A minha história começa na cidade de Paraibuna, aos 16 anos. Tive um relacionamento adolescente, em que os dois eram imaturos. Eu, sem trabalho e sem incentivos, não sabia o que queria da vida, totalmente perdida, e ele, mais perdido ainda. Levamos esse relacionamento por quase sete anos e por fim Deus libertou nossos caminhos.

Esses anos perdida me causou traumas, tornei-me uma pessoa sem personalidade, sem postura e sem rumo. Quando terminamos, retornei para minha cidade, Caraguatatuba, e fiquei na casa dos meus avós. Logo que cheguei, Deus já começou a abrir portas. Com menos de um mês, consegui um emprego em um supermercado bem grande aqui da cidade. Eu estava animada, nunca tinha trabalhado com CLT, e saber que todo mês ia ter meu dinheiro me enchia de alegria.

Após iniciar no trabalho, conheci um amigo do meu irmão (eu sei que foi rápido, não me julguem) e, por incrível que pareça, foi literalmente um encontro de almas. Ele era um homem trabalhador, com sonhos parecidos com os meus e vontade de crescer na vida, além de ser bonito, não posso deixar de elogiar. Começamos a namorar e foi tudo muito rápido. Fomos morar juntos após um mês e, após dois meses de namoro, eu estava grávida do nosso primeiro filho. Ali deixei de ser uma menininha e me tornei uma mulher com um propósito crescendo dentro de mim. Quando descobri meu filho, minha vida mudou, meu marido e eu queríamos algo a mais.

Minha irmã mais velha amava a área da beleza e trabalhava como cabeleireira e manicure. Ela sempre quis que eu fizesse um curso na área para trabalharmos juntas, mas nada daquilo me enchia os olhos. Eu queria algo mais voltado para maquiagem, pois sempre amei maquiagem e cílios bem destacados.

Durante a gestação, passei muito mal e acabei me afastando um pouco do mercado. Minha irmã vivia me falando que seria o melhor para mim essa área, pela flexibilidade dos horários. Um dia ela me disse que teria um *workshop* de cílios e na mesma hora eu respondi que eu queria. Como estava afastada do trabalho, foi um investimento arriscado, mas, como eu falei, Deus já tinha preparado meu caminho.

Assim que meu filho nasceu, antes mesmo de completar o primeiro mês, estávamos eu e minha irmã na porta do *workshop*: ela para olhar o meu filho e eu ansiosa para aprender. Foram dois dias de curso e, quando saímos de lá, eu tinha certeza do que eu queria fazer da minha vida. Comprei meus materiais e já comecei a treinar.

Precisei voltar para o trabalho, mas não estava bem, ver meu filho com apenas 3 meses tendo de ficar na creche me doía demais. Quando chegava à porta daquele mercado, eu só sabia chorar. Tantos olhares de julgamento por mulheres que também já passaram por isso me fizeram adoecer psicologicamente, eu já não conseguia mais entrar ali e, quando entrava, não ficava nem 30 minutos. Nesse tempo, tudo que me sustentava era Deus, minha família e os cílios. Às vezes atendia na minha casa algumas meninas do mercado, que adoravam mesmo naquelas condições. Além disso, também ajudava minha mãe em algumas faxinas, quando conseguia levar meu filho ou deixá-lo com minha prima.

Depois de alguns meses e muitos acontecimentos, eu e meu marido conversamos e decidi pedir demissão. Continuei ajudando minha mãe com as faxinas. Queria investir o dinheiro da minha rescisão, mas tinha muitas dúvidas. Um dia, meu pai me disse que estavam precisando de uma ajudante em uma pizzaria próxima, só para um dia. Depois viram dois e três dias, e por aí vai. Com o tempo, o dono da pizzaria me chamou para ser sócia, e eu toda alegre e animada aceitei, achando que tudo daria certo. Mas meu trabalho foi só aumentando e ele foi sumindo dali. Eu fazia tudo e não via dinheiro nenhum. Depois de um bom tempo, começamos a brigar, porque eu não aguentava mais. Acabei desistindo, peguei minha parte do investimento em materiais da própria pizzaria e fiquei sem saber o que fazer.

Depois de alguns dias, dois meninos que trabalharam comigo na minha na pizzaria me chamaram para uma outra sociedade, e eu de novo caí nas minhas próprias expectativas. Com apenas uma semana, as coisas já estavam iguais a outra pizzaria, então novamente rompi a sociedade. Decidi abrir um *delivery* só meu. Foram três meses de muito trabalho, mas logo chegou a pandemia e novamente tive que fechar um negócio.

Estava totalmente perdida, tudo o que eu tinha tentado até então não valeu de nada, estava desanimada e sem força para pensar em algo naquele momento, até porque nada daria certo. As pessoas estavam com medo do que iria acontecer por conta da pandemia, então guardaram o que tinham e evitaram gastar.

Decidi então confiar em Deus e esperar Sua vontade em minha vida. Em alguns dias, fui chamada pela primeira vez para trabalhar com cílios em um espaço e fiquei imensamente feliz, nem acreditava que aquilo estava acontecendo. Comecei a trabalhar e estava indo tudo bem, mas a dona do espaço precisou se mudar e eu não poderia ir junto, pois era em um local mais longe. Então continuei atendendo as minhas clientes na minha casa mesmo; comecei a focar só isso, postava todos os dias antes e depois e, com o tempo, fui ganhando mais clientes.

Ali, na minha varanda, foi onde fiz meus primeiros R$ 4.000 no mês. Eu estava radiante, foi em dezembro, e eu pensei: "Caramba, estou ganhando mais do que um dia pensei em ganhar sendo CLT". Não demorou muito e fui chamada para trabalhar em outro local, que estava ficando conhecido na cidade e ficava em um pequeno shopping no centro da cidade. Foi ali que eu aprendi e me tornei muito do que sou hoje. Estava confiante, queria dar o meu melhor e consegui, conquistei ainda mais clientes, agreguei ainda mais valor ao meu trabalho, fui a eventos de sucesso da área e desenvolvi meu próprio curso presencial de alongamento de cílios. Mas não foram só momentos bons, não, muito pelo contrário, a maioria deles foi ruim, porém, tudo serviu para me fortalecer e querer ser uma pessoa melhor. Ali aprendi o que não podia fazer e o que eu precisava para conseguir ser melhor.

Depois de algum tempo, o estúdio mudou para um espaço maior. Após dois meses, descobri que estava grávida novamente. Trabalhei todos os dias da minha gestação e, quando estava para ganhar meu segundo filho, organizei toda minha agenda para voltar a atender após um mês, pois não poderia ficar muito tempo sem trabalhar. Mas, assim que meu filho nasceu, vi ali o propósito de Deus na minha vida, e mesmo com muito medo, decidi novamente confiar no Senhor.

Depois de treze dias no hospital com meu filho por conta de uma infecção, fomos para casa. Eu sabia que não teria como voltar para um espaço enorme como aquele com um bebê. A sala em que eu atendia era dividida com as outras *designers* de sobrancelhas e com as pessoas que esperavam atendimento, meu filho não poderia ficar ali, mas eu precisava atender. Então, tomei a decisão de encerrar essa parceria com o espaço. Mas onde eu atenderia?

Novamente a varanda da minha casa foi meu refúgio. Com menos de um mês, já voltei a atender minhas clientes, pois lá na maternidade ainda elas já estavam me mandando mensagem. Meu filho nasceu em novembro, e no antigo espaço minha agenda até dezembro já estava fechada, não tinham mais vagas. Graças ao Senhor, com menos de dois dias eu já tinha enchido minha agenda novamente, com as mesmas clientes e muito mais.

Mas obviamente não era isso que eu queria para elas, pois elas eram atendidas em um espaço grande e confortável no estúdio, não teria como eu me acomodar com aquela situação. Conversei com a dona da minha casa, pois morava de aluguel, e perguntei se ela me autorizava a construir um espaço pequeno na frente, afinal eu não tinha dinheiro para comprar minha casa nem poderia alugar outro local, porque eu precisava que meu marido estivesse perto para me auxiliar com o bebê, então essa era minha solução. Esperei ansiosamente a resposta dela, que disse que iria conversar com o marido. Depois de uma semana apreensiva ela veio até minha casa com o empreiteiro e, pela glória de Deus, disse que ela mesma iria construir o espaço, pois pensava em agregar na casa. Nem acreditei, como assim Deus estava transformando minha vida assim, do nada, em tão pouco tempo?

As obras começaram na semana seguinte e, após dois meses, meu espaço já estava pronto, com apenas uma maca antiga, uma cadeira mocho emprestada, um carrinho e um balcão. Uma cliente me deu de presente dois aparadores buffet para que eu pudesse organizar meus materiais e fazer um cantinho do café. Outras clientes também se disponibilizam a me ajudar, mesmo eu dizendo a elas que não precisava. Assim meu espaço foi se ajeitando e, com o tempo, as coisas foram melhorando.

Fui convidada a palestrar em vários eventos em Minas Gerais, Ubatuba, aqui em Caraguatatuba... Também fui convidada a ser embaixadora, o que é um marco gigante na carreira *lash* no mundo dos cílios.

O que eu quero que você entenda com a minha história? A mulher que eu me tornei é algo que nunca imaginei no passado. Hoje sou confiante, extremamente profissional no que faço e sei o que quero e vou fazer daqui em diante. Tudo isso porque eu tive fé, acreditei e deixei que Deus me mostrasse o que ele queria fazer de melhor na minha vida. Ele me tirou de um lugar onde meu nome era apagado para me colocar em um lugar de luz, em que meu nome é destacado.

Meu filho veio em meio a tantas dúvidas e medos, porque Deus sabia que com Ele eu seria ainda mais forte e quebraria qualquer barreira. Ele enviou mais um anjo para me provar novamente Sua promessa e confiar nEle.

Hoje sou CEO do meu próprio espaço, minha agenda está sempre lotada, com vários outros cursos feitos e projetados e com minhas duas libertações ao meu lado.

Deus me deu a direção e os cílios me ajudaram a alcançar coisas inimagináveis, transformando a menina em mulher e fazendo com que eu deixasse de ser o que fui, porque **nada do que fui me veste hoje**.

"Nada do que fui me veste hoje."

Gabrielli Ferla

Jamylle Oliveira

Meu nome é Jamylle Roberta de Oliveira Silva, nascida em 28 de maio de 1994, na cidade de Mossoró/RN, e mãe de Maria Júlia.

Sou *master* em extensão de cílios e terapeuta em saúde dos cílios, especializada em extensão de cílios segura pela On Top Brasil e mentora e estrategista da área *lash*. Atuo no mercado de extensão de cílios desde 2017. Também sou palestrante, treinadora internacional da escola russa Resnichka e da World Lash Pro e CEO da Jamylle Lash Academy.

jamyllelash.academy

robertajamyle@gmail.com

14 PILARES PARA DESPERTAR A EMPRESÁRIA QUE EXISTE EM VOCÊ

Por Jamylle Oliveira

Minha jornada como empresária na área da beleza é uma história de superação, perseverança e paixão. Nascida em uma família humilde, filha de pais separados e criada na casa dos meus avós, cresci vendo a minha mãe trabalhar fora para poder me sustentar. Tive um pai ausente na minha infância, então a minha mãe vestiu a capa da heroína, trabalhou incansavelmente para que nunca me faltasse nada. Minha infância foi cheia de boas lembranças. Lembro-me de gostar de brincar de cortar os cabelos das minhas bonecas, maquiar-me e brincar de salão de beleza. Desde pequena já demostrava ser vaidosa. Tenho também lembranças de pintar os cabelos da minha avó, era um momento de pura satisfação. Sem saber, já tinha uma habilidade natural para cuidar da beleza das pessoas. A beleza sempre me fascinou, mas a ideia de empreender nessa área só veio mais tarde.

Por coincidência, cresci dentro de um salão. Em certo momento, minha mãe se tornou manicure e eu passei boa parte da minha infância e adolescência imersa nesse ambiente. Observava atentamente minha mãe trabalhar e o tanto que ela gostava do que fazia. Para ganhar um trocadinho, ajudava as cabeleireiras, queria aprender cada técnica e truque, embora, na época, não tivesse a menor intenção de seguir esse caminho.

O desejo de ganhar meu próprio dinheiro começou bem cedo. Aos 14 anos, comecei a trabalhar ajudando meu tio em uma lanchonete. Mas também já fiz faxina e vendi acessórios. Ia me virando com o que dava. Mas com certeza ter a experiência de ajudar no salão de beleza foi crucial para desenvolver minha ética de trabalho e aprender a lidar com pessoas de diferentes personalidades e demandas.

Aos 17 anos, antes mesmo de terminar o ensino médio, consegui o meu primeiro emprego formal. Fui vendedora de loja de departamento em um shopping da minha cidade por cinco anos. Uma experiência enriquecedora, que me ensinou sobre responsabilidade, pontualidade e a importância de um bom atendimento ao cliente. Durante esse tempo, nunca me esforcei para entrar em uma faculdade ou pensar em como seria o meu futuro. Em toda a minha infância e adolescência, os recursos e incentivos para estudar eram praticamente inexistentes. Como almejava ter a minha "independência", trabalhava para ganhar um salário e não tinha uma mentalidade de crescimento. Na minha família até então ninguém tinha se formado ou era bem-sucedido. Então, eu não me sentia pressionada com isso. Como não tinha referências nem incentivos, achava que eu só teria sucesso e dinheiro se tivesse um diploma.

Os anos foram passando rapidamente e eu cada vez mais conformada com a vida que estava levando. Mas foi em 2016 que tudo mudou. Minha vida mudou drasticamente aos 22 anos, quando me tornei mãe. Ser mãe solo trouxe muitos desafios financeiros e emocionais para mim. Tive uma gravidez tranquila e consegui trabalhar toda a gestação. Quando a minha filha nasceu, a minha mãe parou de trabalhar para me ajudar. Se não fosse a minha mãe, com certeza não estaria contando a minha história nesse livro. Minha eterna gratidão, mainha! Ela renunciou ao seu trabalho para cuidar da minha filha. Continuei trabalhando até ser demitida após um ano do nascimento da minha filha.

Nesse período começamos a passar por dificuldades financeiras, então a minha mãe precisou voltar a trabalhar. Eu me vi em um cenário desesperador: desempregada e com uma bebê pequena para cuidar. Sem conseguir trabalhar fora de casa, em meio a um momento de crise, uma amiga me incentivou a fazer um curso de extensão de cílios. Na época, em 2017, não tinha ideia do que era o mundo *lash*, mas decidi arriscar e investir todo o recurso que tinha para fazer o curso. Foi pensando na minha filha que nesse momento superei o medo e encontrei a força necessária para começar um negócio do absoluto zero. Minha filha se tornou minha maior motivação.

O início da minha jornada não foi nada fácil. Aprender uma técnica nova, prospectar clientes e começar os atendimentos em casa não foi tão simples. Enfrentei muitos obstáculos e precisei de muita determinação para continuar. Mesmo passando por várias frustrações, desde não saber fazer cílios com durabilidade, não ter um espaço adequado para atender (comecei no quartinho de casa), não ter um fluxo de clientes, receber *feedbacks* negativos, ter passado por situações humilhantes em atendimentos, eu não pensei em desistir. Eu tinha investido tudo o que eu tinha nessa profissão, então precisava fazer dar certo por mais difícil que estivesse.

Hoje, com quase sete anos de experiência, posso dizer que cada dificuldade enfrentada valeu a pena. Aprendi lições valiosas que se tornaram pilares para a construção e crescimento do meu negócio e vou compartilhar agora com vocês.

Pilar 1: Disciplina e constância

Depois que entrei para a área *lash*, estava comprometida a nunca mais precisar voltar a trabalhar no comércio, então treinava a técnica de extensão de cílios todos os dias. Quando não tinha nenhuma cliente, eu treinava sozinha. A constância de executar a técnica todos os dias me fez ficar mais ágil, segura e cada vez mais preparada para o mercado. Em dois anos de profissão, já me viam como referência e autoridade em extensão de cílios na minha cidade. Fiz grandes investimentos em cursos, estudei incansavelmente tudo o que envolvia a área, conquistei uma agenda cheia, uma técnica excelente e um bom faturamento. Isso despertou o interesse de outras mulheres a também entrarem para a área. Foi assim que comecei a passar meus conhecimentos e a ministrar cursos presencias. Nascia então a marca Jamylle Lash Academy.

Pilar 2: Autoconhecimento

O segundo passo da minha jornada foi o pilar do autoconhecimento. Precisei entender minhas habilidades, limitações e, principalmente, minhas paixões. Descobri que trabalhar com beleza não era apenas uma profissão, mas uma vocação. Compreender isso me deu a confiança necessária para seguir em frente. Eu não só fazia cílios, eu devolvia autoestima para as minhas clientes. Para elas, um momento de autocuidado. Com as minhas alunas, um momento de ensinar para elas uma profissão nova capaz de mudar completamente a vida delas, assim como mudou a minha. Não é sobre cílios, é sobre transformação.

Pilar 3: Mudança de mentalidade

Mudar minha mentalidade foi crucial. Abandonei crenças limitantes e adotei uma postura de crescimento. Encarei todos os desafios como oportunidades de aprendizado e passei a acreditar mais no meu potencial como *lash*, treinadora e mentora. Comecei a estudar cada área do meu negócio: finanças, marketing, gestão... Mudei de círculo de amizades, passei a ouvir grandes mentores, e isso foi aumentando o meu nível de consciência. Eu poderia fazer do meu negócio algo ainda maior. Conforme eu ia investindo em conhecimentos, o meu negócio ia crescendo.

Pilar 4: Trabalhar com o que gosto

Escolher trabalhar fazendo cílios foi uma decisão transformadora na minha vida. No início, eu não gostava do que fazia, comecei por pura necessidade, mas a paixão logo veio, via a oportunidade de cada vez mais mudar de vida por meio da extensão de cílios e, consequentemente, ajudar a minha família. Hoje sou apaixonada pelo que faço e isso me impulsiona todos os dias a querer sempre mais. Sei que posso realizar grandes sonhos, muitos até já foram realizados, como ter um estúdio na melhor localização da cidade, em sair de um bairro periférico e ir morar em um bairro nobre, fazer viagens com a minha família e proporcionar lazer e conforto para eles. A minha família é o que tenho de mais valioso. E quando você ama o que faz e tem um propósito, o trabalho se torna uma fonte de prazer e não um fardo.

Pilar 5: O poder da ambiência

O ambiente ao nosso redor tem um grande impacto em nossa jornada. As pessoas e o ambiente em que vivemos tem o poder de moldar nossos pensamentos e emoções e de determinar nosso sucesso. No início da minha jornada como empreendedora, existiu uma pessoa muito especial que foi como uma chave para desbloquear meu potencial. Ele acreditou em mim quando até eu duvidava e me impulsionou a alcançar grandes conquistas. Um ambiente estimulante não apenas reflete a nossa visão, mas também a amplifica ajudando-nos a transformar sonhos em realidade. Então observe o ambiente e as pessoas a sua volta. Elas te motivam? Te impulsionam? E caso você tenha uma jornada mais solitária, encontre em você e na sua história a motivação para seguir.

Pilar 6: Fé

O pilar mais importante de todos: a **fé**. Um alicerce indispensável na vida de toda humanidade. Acreditar em algo maior, ter esperança e confiar que, com esforço e dedicação, as coisas dariam certo foi fundamental. A fé me sustentou nos momentos mais difíceis da minha vida e me deu forças para continuar. Olho para a minha jornada e vejo a mão de Deus em cada detalhe. Acredite em você, acredite no seu negócio, trabalhe duro e seja grato. Deus honra quem nEle confia.

Minha história é uma prova de que com determinação, paixão e fé é possível superar qualquer desafio e alcançar o sucesso. Quero inspirar você a começar seu próprio negócio, a não ter medo de enfrentar dificuldades e a acreditar em seu potencial. Se eu consegui, você também consegue. Acredite em si mesma, invista em autoconhecimento, mude sua mentalidade, trabalhe com o que você ama, cuide do seu ambiente e, acima de tudo, tenha fé.

Convido você a conhecer o meu trabalho na minha página @jamyllelash.academy. Obrigada pela leitura e que Deus te abençoe.

"O caminho pode ser difícil, mas a recompensa é extraordinária. Acredite em você, acredite no seu negócio, trabalhe duro e seja grato. Deus honra!"

Jamylle Oliveira

Juliana Lima

Meu nome é Juliana Lima, tenho 25 anos, sou natural de Uruguaiana/RS, onde atualmente moro com o meu esposo Pedro. Sou cristã e congrego na Igreja Restaurando Vidas.

Trabalho na área da beleza há dez anos e há três anos sou proprietária do estúdio Cílios de Boneca, que conta com uma equipe de seis pessoas. Também ministro cursos de *lash designer* e *designer* de sobrancelhas. Sou pioneira na minha cidade com cursos de extensão de cílios e sobrancelhas.

Sou referência na minha cidade com um atendimento personalizado, e um mundo rosa dentro do meu estúdio, usando os cinco sentidos mais conhecidos que você irá conhecer ao longo deste capítulo.

julianalimaacademy

ciliosdebonecaurug

+55 (55) 99230-1090

15 VOCÊ PRECISA DE UM SÓCIO!

Por Juliana Lima

Você deve estar pensando: "Como assim eu preciso de um sócio?". Mas, calma, no final você vai entender o porquê desse título. Agora vamos conhecer a Juliana Lima desde o início. Por muito tempo, trabalhei sem entender minha verdadeira identidade, sem saber meu propósito na área da beleza. Trabalho desde os 15 anos na área; comecei muito cedo como manicure indo em domicílio atender cliente. Foi cada perrengue que vivi!

Após alguns meses como manicure, decidi começar um curso de cabeleireira, eu era a mais nova da turma. Sempre busquei algo melhor para mim, não me imaginava a vida toda indo em domicílio fazer unhas. Quase não tinha lucro naquilo que estava fazendo, muitas vezes paguei para trabalhar. Minha vontade de crescer e chegar a lugares maiores começou quando comecei via os meus pais muitas vezes tirando deles para me dar o que eu precisava, então pensei: "Vou fazer algo por mim também".

Concluí o curso de cabeleireira e segui fazendo unhas e cabelo. Cheguei a trabalhar em alguns salões na minha cidade. Com 18 anos, recebi uma oportunidade em um salão de carteira assinada, lá eu precisei parar de fazer unha e fiquei cuidando apenas de cabelo e sobrancelhas. Eu já fazia sobrancelhas, porém não era algo tão profissional, fui aprendendo enquanto praticava. Nesse lugar passei por momentos desagradáveis, mas aguentei, porque sabia que era uma oportunidade de crescimento, e crescer na maioria das vezes dói, não é?

Cresci bastante nesse emprego e senti a necessidade de abrir um salão para mim. Planejei tudo, comprei móveis, investi até o que não tinha. Porém, deu tudo errado, não consegui abrir o espaço, até tinha alugado, mas a proprietária mudou de ideia. Então, senti que ainda não estava preparada, e com isso acabei indo trabalhar em outro lugar.

Já tinha me especializado em sobrancelhas e fiz também o meu primeiro curso de extensão de cílios por curiosidade. Mal sabia eu o que viria a acontecer. Foi aí que veio a pandemia e resolvi abrir meu próprio estúdio novamente, dessa vez com mais maturidade e com o coração quentinho, sabendo que era Deus no negócio.

Nesse momento, eu já tinha uma cartela de clientes fixas, mais estabilidade, mas, por conta da pandemia, vivemos dias difíceis. Eu tinha somente o valor do aluguel, uma cadeira para atender e um balcão de recepção que eu havia comprado já usado. Enfim, eu tinha apenas isso e um sonho.

Após um ano me mudei para outro espaço que tinha uma vista linda da minha janela. Passado mais um ano, o espaço se tornou pequeno, então fui para outro espaço, mais central. Investi bastante nesse lugar, deixei tudo do jeitinho que sempre sonhei. Nesse momento, evoluí muito e passei a ministrar muitos cursos. Montei uma equipe com sete meninas.

Mas ainda não tinha meu Sócio. Você deve estar pensando: "Mas quem é esse sócio que a Juliana menciona desde o início?". Eu já vou falar dele para você, mas já lhe antecipo: Ele também pode ser seu sócio, e tudo irá mudar para você também. Então, em 2022, eu já conhecia meu sócio, porém não tinha um relacionamento com Ele. Sempre ouvi falar dEle, e Ele sempre tentou se aproximar de mim, mas eu sempre fui daquelas pessoas que acha que pode tudo sozinha, ou que a "força" do meu braço era o suficiente.

Em 2023, tive um encontro verdadeiro com meu futuro sócio e percebi que esse sócio deve ser alguém em quem temos extrema confiança. Foi então que tive que aprender a confiar em alguém e a compartilhar todos os projetos e sonhos. Percebi que para essa nova etapa da minha vida teria que fazer algumas mudanças e encerrar alguns ciclos necessários, afinal, para viver algo novo, deve-se deixar as coisas velhas para trás. Todas essas mudanças não foram fáceis, mas necessárias. Para chegar aonde estou, tive perdas financeiras, tudo mudou. Mas quanta maturidade o meu sócio me trouxe, eu descobri minha verdadeira identidade. Enquanto muitos de fora me olhavam e me imaginavam fraca, eu estava forte.

O meu Sócio me trouxe força e me ensinou a ter uma visão totalmente diferente da que eu tinha. Hoje posso dizer que minha empresa se tornou estruturada. Passei a seguir todos os conselhos dEle, Ele afastou as pessoas erradas e colocou as pessoas certas, Ele me ensinou a administrar minha empresa com muito mais sabedoria. Antes eu tinha apenas conhecimento, hoje o meu Sócio me deu sabedoria.

Antes de lhe apresentar o meu Sócio, vamos falar sobre o meu estúdio. Em 2019, fiz o curso de cílios, em Novo Hamburgo. Fui até lá para me especializar em cabelos, que era o que eu mais trabalhava na época. Conversando com algumas pessoas, ouvi falar que tinha uma turma do curso de cílios naqueles dias e fiquei supercuriosa para aprender, porque na minha cidade ainda não se ouvia falar muito em cílios, mas em Porto Alegre e região praticamente todas as mulheres já usavam extensão de cílios. Então pensei: "Por que não tentar algo novo?". Acabei fazendo o curso por curiosidade, e hoje se tornou o carro-chefe do meu espaço e trouxe o nome do estúdio: Cílios de Boneca.

A pandemia fez isso vir à tona, pois a procura por cílios e sobrancelhas aumentou e me identifiquei muito com esses dois serviços. Antes de ter a mesma visão do meu sócio, eu apenas fazia cílios e sobrancelhas. Hoje entendo que estou aqui para servir minhas clientes. O Cílios de Boneca se tornou muito mais que um estúdio, é o lugar que as clientes vão para descansar, ser acolhidas e amadas. Busquei ter um diferencial dentro do meu espaço, criando processos de atendimento para todas as profissionais. Hoje entregamos um atendimento humanizado e buscamos sempre atender às necessidades das nossas clientes.

O meu sócio me ensinou o quanto posso fazer a diferença na vida das pessoas que passam por mim, o quanto tenho para entregar, pois muitas pessoas sentem falta principalmente de atenção e conversa.

Vamos, então, conhecer melhor esse sócio? Sem Ele também conseguimos ter sucesso, conseguimos chegar a alguns lugares profissionalmente. Eu cheguei a alguns lugares antes dEle. Mas a verdade é que, após ter Ele como meu Sócio, tudo passou a ter sentido na minha vida. Existe um momento pelo qual toda profissional passa: fazemos as coisas no automático e muitas vezes perdemos nossa identidade e nossa essência. Mas, como Ele não é assim, Ele nos ensina a ver tudo de outra forma, uma forma mais linda. E que linda a vida se torna ao lado dEle. Enfrentamos tempos difíceis, sim, empreender não é fácil, é um ato de coragem e fé. Não tem moleza, mas Ele torna tudo mais leve. Aprendi a descansar nEle, entendi que tudo está no controle dEle. Ele preencheu o vazio que tinha em minha vida, mostrou que eu posso ser muito além do que uma profissional que entrega cílios lindos. Hoje eu transbordo a presença dele em outras vidas. Hoje o estúdio é um lugar onde as pessoas sentem a paz que habita em mim através dEle.

O meu Sócio quer ser seu sócio também, sabia? Quero apresentar Ele a você. Talvez você O conheça, ou quem sabe ainda não, mas esse é o momento que eu posso conectá-la a um sócio de verdade, que vai ajudar a alavancar não somente a sua empresa, mas a sua vida como um todo. Falo por experiencia própria, pois vivi tudo isso.

Vamos ao que realmente interessa, eu sei que você está curiosa para saber o nome dEle. E se você pensou que o nome dele é Jesus, você está certa. Eu não poderia deixar de mencioná-Lo mil vezes neste livro, pois é graças a Ele que hoje estou aqui. Sem Ele, eu seria só mais uma *lash*, mas Ele me impulsionou a ser mais do que isso e eu tive atitudes que agradam o Pai.

Acredite, você consegue realizar muitas coisas sem Ele, mas nada fará sentido. Você vai sonhar e achar que, quando chegar a esses lugares que deseja, será feliz, mas ainda vai faltar a parte principal da sua vida, ainda vai faltar o seu sócio. Só Ele tem o poder de completar vazios, de fazer você conseguir acessar a verdadeira felicidade. Somente Jesus pode transformar de dentro para fora, Ele permite muitas vezes vivermos momentos que parecem impossíveis e, no final, dar certo, para nos mostrar que Ele nunca perde o controle e para que a glória de todas as coisas sejam dEle.

Ele quer nossa primícia, que possamos entregar tudo nas mãos dEle. Mas para isso é necessário confiarmos e delegarmos não apenas uma parte, mas que Ele seja o sócio majoritário. Ele está pronto te esperando. Espero que, assim como eu, você também tenha um encontro com Ele. Acredite, você precisa de um sócio, e o nome dele é Jesus.

Nunca se esqueça disto: "Consagre ao Senhor tudo o que você faz e os seus planos serão bem-sucedidos" (Provérbios 16:3).

"Deus deseja ver o crescimento de filhas que entenderam a importância de crescer nEle, com Ele e para Ele."

Juliana Lima

Karina Glasser

Meu nome é Karina Moriggi Glasser, empreendo no ramo da beleza desde 2007, mas na verdade empreendedorismo é uma coisa que está comigo há muito mais tempo. Isso mesmo, sou empreendedora nata.

Pioneira na minha cidade, Americana/SP, montei a primeira esmalteria da cidade e região. Sou maquiadora profissional pela MakeUp Forever, micropigmentadora com especialização na Rússia e extensionista de cílios pela London Lashes Pro. Hoje sou referência nas extensões de cílios com minha própria técnica, Volume Luxo, criada em 2018.

Palestrante, mentora, escritora e influenciadora, vou contar aqui para você, *lash*, que está com esse lindo livro em mãos minha trajetória do **zero** ao **sucesso** e **notoriedade**. Tudo de uma forma muito simples, porém intensa e muito abençoada. E aí? Preparada?

karinaglasser

De Lash a empresária

16 TUDO FAZ SENTIDO PARA A JORNADA DO EMPREENDER

Por Karina Glasser

Vamos conversar um pouco? Vou contar para você como identifiquei a importância que teve todas as fases da minha jornada, para que eu realizasse minha caminhada e me tornasse a pessoa, a *lash* que sou hoje. Digo em minhas palestras que tiveram três chaves que me fizeram construir a minha história de vida.

Começo com um desafio para você, *lash*: pare agora e pense em uma única palavra que traduz você... Sim, uma única. Pensou? Quando uma pessoa me fez essa pergunta, respondi instantaneamente, foi muito orgânico. Nesse momento, até eu me surpreendi, pois, refletindo melhor depois, a minha palavra seria justamente a mesma. Vou contar qual é a palavra para você no final do capítulo, aí você vai decidir se fará sentido. Combinado?

Agora vou compartilhar com você minha jornada *lash*, mas, para isso, vou precisar contar como tudo começou na minha vida. Liberando a primeira chave que é a **ambiência**. Por que ambiência, Ká? Quando eu tinha apenas 3 anos, comecei a fazer aulas de ballet. Isso parece ser comum na vida de qualquer menina, mas me dediquei tanto que permaneci na dança por ininterruptos quinze anos. Isso mesmo, dos 3 aos 18 anos.

A partir dos 15 anos, o ballet se tornou meu primeiro emprego, com registro em carteira e tudo. Eu era secretária da academia de dança. Aí você pode estar pensando: "Mas o que isso tem a ver com os resultados colhidos?". Vamos lá. Dentro da dança permaneci por muitos anos em um ambiente em que aprendi **disciplina**, **hierarquia**, treinar meu **corpo** e minha **mente**, perder a timidez – pois tinham apresentações em público no mínimo duas vezes ao ano –, **dedicação** – pois nos últimos anos de dança participei de um grupo que competia em várias cidades e, com isso, aprendi a conviver em um ambiente de **grupo** e **competição**. Tudo isso me fez aprender várias características de uma pessoa que atua no mundo dos negócios, você entende? Como acredito muito que a mente governa no empreendedorismo, sempre falo que os **"autos" da vida** fazem toda a diferença na nossa caminhada: autoconhecimento, autocontrole, autoconfiança – resiliência (capacidade de superar adversidades e persistir diante das dificuldades).

Falando em resiliência, essa fase da minha vida me fez aprender muito sobre quem eu estava sendo e quem eu estava me tornando. Vou explicar melhor. Conheci meu marido quando ainda dançava, tinha apenas 15 anos (este ano completamos trinta anos juntos). Namoramos e, aos 20 anos, quando eu cursava a faculdade de Administração, engravidei. Foi aí que meu posicionamento, mesmo tão nova, foi importante, pois não parei minha vida, continuei estudando, trabalhando (já administrava uma empresa de serviços da minha família), e meu filho nasceu nas férias da faculdade, por incrível que pareça – dia 14 de dezembro de 1999. Tive total apoio dos meus pais, o que foi muito importante, pois, na época, meu marido viajava muito a trabalho, porque era atleta paralímpico de natação e representava o Brasil pelo mundo. Mesmo assim, fomos morar juntos antes de o nosso filho nascer, e deu tudo certo.

Os anos passaram, concluí minha faculdade, fiz pós-graduação em Gestão Empresarial, engravidei da minha segunda filha, deleguei muitas tarefas das empresas que administrava. Refleti muito sendo mãe novamente depois de exatos sete anos, pois ela nasceu no dia 13 de dezembro de 2006.

Nessas reflexões, entendi que tinha o empreendedorismo correndo nas veias. Então, com pioneirismo aqui na minha região, iniciei um negócio no ramo da estética, uma esmalteria. Em apenas seis meses, já tinha comercializado franquias para mais duas cidades vizinhas. Para isso, precisei elaborar planos e definir muitas estratégias e metas. As **metas** considero a segunda chave primordial para os melhores resultados em qualquer ramo. Geralmente, é necessário estruturar as metas mensais, semestrais e anuais para traçar um caminho com objetivos mais claros. Isso tudo tem a ver com sua mentalidade e com os ambientes que você escolhe conviver em sua vida.

Quando decidi criar meu negócio na estética, tinha algumas metas definidas. Criei como negócio, mas acabei me envolvendo na parte operacional, nos atendimentos. Então, fui procurar conhecimento, fiz inúmeros cursos e comecei a atender como *designer* de sobrancelhas, além de estar em uma equipe grande de manicures, pois éramos muito boas e o fluxo era intenso. Cheguei a atender vinte pessoas fazendo sobrancelhas em um único dia, era uma loucura. Entendi que tinha habilidade e carisma para criar uma clientela nos atendimentos, mas que o *ticket* de *designer* era muito baixo. Eu queria faturar mais atendendo menos, pois o operacional é bem cansativo. Você sabe bem disso, não é?

Minha próxima meta, então, foi me tornar uma referência/autoridade. Como eu faria isso? Decidi estudar maquiagem. Depois de começar a atender, percebi que poderia mais, pois minha agenda sempre estava lotada. Cheguei a fazer dez produções no dia, então resolvi me posicionar com mais autoridade e me arrisquei investindo em um curso internacional. Fui para Nova York estudar na famosa Make Up Forever. Quando voltei para o Brasil, para a cidade onde nasci, cresci e me desenvolvi, e onde moro até hoje, fiquei "famosa". As notícias se espalharam e a minha agenda lotou. O tíquete aumentou e o negócio cresceu.

Na época em que fazia muitas sobrancelhas, tinha muito trabalho, tíquete baixo, fluxo grande e fidelização de clientes. Na época das produções de maquiagem, tinha muito trabalho, tíquete mais alto, fluxo grande concentrado nos finais de semana, clientes em momentos pontuais.

Tudo isso ainda não era suficiente para mim, então me tornei micropigmentadora. Fiz os melhores treinamentos que existiam no Brasil e fora, chegando a participar de congressos na Rússia e outras coisas. O resultado: procedimentos no fluxo normal, com tíquete alto, durante a semana, mas com clientes que voltariam entre seis meses a dois anos para serem atendidas.

Mas ainda não estava satisfeita. Então, comecei a aprender sozinha a fazer as extensões de cílios, fui autodidata. Naquela época, em 2015, não havia material, muito menos treinamentos aqui no Brasil. Os fios eram de "potinho", e eu pedia para amigas o adesivo trazerem de fora. Ardia muito os olhos das clientes, tanto que eu fazia o atendimento com um leque em mãos, tamanho o desconforto.

Enquanto ia treinando sozinha, os materiais e treinamentos foram chegando e o mercado de *lashes* foi se formando. Entendi que era um mercado em ascensão. Eu tinha habilidade, já entendia como funcionava o mercado de micropigmentação em relação aos congressos e cursos. Resolvi me posicionar.

Participei do primeiro congresso de extensão de cílios do Brasil, o Estetic in São Paulo, em 2021. Entendi que tinha conhecimento e preparo para transmitir meu conhecimento. Escrevi em um bloco de notas que recebemos uma carta para o coordenador científico, apresentando-me e me colocando à disposição do evento, caso precisassem. Muita coisa aconteceu (um dia conto para você essa história em outro livro). O resultado disso? No ano seguinte, estava no placo e isso me fez palestrante do maior evento de estética na América Latina. E continuo em palcos, matérias e conteúdo até hoje, pois também escrevo artigos sobre cílios para uma revista do segmento.

Detalhe muito importante: fui fazer um treinamento de cílios em Londres, na London Lashes Pro. Quando voltei, entendi que meus atendimentos, principalmente de volume, tinham um diferencial. Com isso, criei minha própria técnica, Volume Luxo. Quando chegou a oportunidade da minha primeira apresentação, falei exatamente sobre ela. Foi tudo perfeito! Com tudo isso acontecendo, entendi o tempo de plantação, em que estudei, investi, arrisquei, criei, aprendi, dediquei-me, e tinha chegado o tempo de colheita, em que eu deveria transbordar, ensinar, educar, colher os frutos e receber o reconhecimento.

Descobri meu propósito: "Transformar vidas por meio do que Deus fez na minha", pois não é nada sobre mim, é sobre o que Ele é capaz de fazer nas nossas vidas.

Vivi momentos incríveis como *lash* em palcos pelo Brasil. Recebi uma homenagem de reconhecimento pela minha dedicação. Tive oportunidade de escrever um artigo para o livro científico do congresso e várias matérias para a revista, física e on-line. Tenho meu estúdio, onde atendo há dezessete anos e há cinco anos com foco total nos cílios, maquiagem e micropigmentação. Lancei meus produtos, além de ser patrocinada há alguns anos por duas marcas internacionais: uma de produtos para tratamento de sobrancelhas e cílios e outra de pinças.

Não foi fácil viajar o mundo em busca de conhecimento. Foi uma luta muito grande custear e saciar toda essa sede de conhecimento. Hoje me vejo em uma jornada com muitas metas realizadas. E a terceira chave veio em meio a todo esse processo: "Ovos em cestas diferentes". Como assim, Ká? Eu explico: sempre ter **multinegócios**. O que você precisa entender com essa terceira chave é que o importante é nunca ter somente uma fonte de renda. Foi o que fiz, empreendendo há mais de 25 anos. Essa história, longa e ótima, vai ficar para um futuro próximo. Pretendo contá-la um dia para você em minhas palestras, ou quem sabe em outro livro.

Eu entendi que sempre fui pioneira e que os multinegócios sempre fizeram parte de mim. Deve ser por isso que permaneci tantos anos nos atendimentos, atuando com tanto prazer e sucesso, transformando vidas por meio do meu dom.

Em 2023, com o objetivo de ter mais uma cesta/fonte de renda, criei uma marca de acessórios de cabelo. Atuo no mercado de palestras, mentorias e influência. Pergunto então para você, *lash*: qual é a sua palavra? Aquela que define você? Você precisa saber quem você é, porque só assim vai conseguir saber quais caminhos quer percorrer, aonde quer chegar.

Então, para finalizarmos, sabe qual é a minha palavra? **autêntica**. Ser autêntica é o que me define.

Defina sua meta, não seu limite! Descubra o propósito de Deus para sua vida.

"Lute. Acredite. Conquiste. Perca. Deseje. Espere. Alcance. Caia. Ore. Seja tudo que quiser ser, mas, acima de tudo, seja você sempre."

Karina Glasser

Karine Maia

Sou Karine Maia, natural de Minas Gerais, e resido em Portugal desde 2007. Sou casada há doze anos com o homem da minha vida, Jeferson Honorato Maia. Filha de Agostinho Vieira Neto e Maria Fátima Vieira, tenho dois irmãos, Wellington Vieira e Aline de Fátima Vieira, e quatro sobrinhos amados.

Trabalho como *lash designer* desde 2012 e me tornei formadora na área em 2021. Hoje, conto com mais de 350 alunas formadas com o método KM no procedimento de *lash lifting*.

Sem muito apoio, percebi que eu mesma deveria me tornar a fonte de inspiração para impulsionar meu próprio caminho. Compreendi que cada passo, por menor que fosse, representava um degrau na escada em direção ao meu sucesso.

studiokarinemaia

bykarinemaia@gmail.com

De Lash a empresária

17 PERSEVERANÇA E CONQUISTA

Por Karine Maia

Sempre ouvi que para ter algo era preciso trabalhar. Desde pequena, sempre quis trabalhar para ter o meu próprio dinheiro. Até os meus 15 anos, trabalhei em uma loja de roupas, na mercearia do meu avô, buscava água para tias, cuidava de uma senhora idosa. Estava sempre buscando trabalhar em algo para conseguir ter meu próprio dinheiro.

Em 2007, meu irmão, que morava em Portugal, me convidou para ir para lá cuidar da minha sobrinha recém-nascida. O combinado era eu ir em fevereiro e voltar em outubro do mesmo ano. Aceitei na hora, e meu irmão convenceu facilmente nossos pais a me deixarem ir. No dia 2 de fevereiro de 2007, cheguei a Portugal. Foram oito meses cuidando da minha sobrinha, mas foram meses muito difíceis para mim. Apesar de amar cuidar dela, a parte difícil era que eu passava os dias dentro de casa. Não tinha amigos, celular ou computador, tinha pouquíssimo contato com pessoas para conversar. Isso me deprimiu muito. Várias vezes senti vontade de ir embora, mas precisava cumprir o combinado.

Até que consegui um trabalho como *babysitter* à noite, quando minha sobrinha estava com os pais, e assim juntei um dinheiro e comprei meu primeiro celular. Em outubro de 2007, chegou o fim do combinado e eu deveria voltar para o Brasil, mas quis ficar. Já tinha saído da casa dos meus pais e não queria voltar, queria minha liberdade. Então, fiquei e consegui meu primeiro emprego em Portugal, em uma empresa de limpeza. Limpava quatro casas por dia, e naquela época tinha apenas 18 anos. Fiquei pouco tempo nessa empresa, porque não ofereciam contrato de trabalho, e eu precisava de um contrato para dar entrada na minha documentação.

Meu segundo emprego foi novamente em uma empresa de limpeza, mas dessa vez eu cuidava de um prédio de escritórios e trabalhava das 6h às 18h, doze horas por dia. Mesmo já trabalhando doze horas, a empresa queria que eu fizesse mais três horas. Recusei e fui mandada embora. Nessa época, já estava namorando. Conheci meu marido em dezembro de 2007, e estamos juntos desde então. Casamos em 2012.

Após ser despedida do segundo emprego, fiquei desempregada por algumas semanas até conseguir um emprego em um café. Lembro-me de receber uma ligação pela manhã, avisando que teria uma entrevista de emprego. Fiquei tão ansiosa e nervosa que saí de casa sem comer. Resultado? Desmaiei na entrevista. Só me lembro da minha futura patroa me dando tapas na cara para acordar. Acordei, consegui realizar a entrevista e recebi a frase no final: "Qualquer coisa ligamos". Fui embora muito triste, porque precisava muito daquele trabalho, as minhas reservas já estavam quase no fim. Não queria pedir ajuda a ninguém, queria provar que era capaz de me virar sozinha, porque duvidaram de mim. Mas Deus é maravilhoso e, mais uma vez, Ele me honrou. Dois dias depois, recebi uma ligação: "A vaga é sua". Nem consegui acreditar, pois já tinha dado a vaga como perdida. Provavelmente pensaram que eu estava passando fome e, por isso, deram a vaga para mim por pena.

O café ficava em um centro comercial e tinha uma carga horária de 7 horas por dia e uma folga por semana. Como me sobravam muitas horas no dia, consegui três casas para limpar e assim complementava a renda. Trabalhei nesse emprego por três anos, até que decidi ir em busca de algo novo.

Nesse mesmo centro comercial, havia um quiosque de estética onde faziam depilação com linha. Mesmo sem experiência alguma, enviei meu currículo, fui chamada e passei nas duas entrevistas. Dessa vez, não desmaiei. Para trabalhar nessa nova empresa, teria de fazer um mês de formação. A empresa oferecia a formação, mas não pagava o salário desse mês, então fiquei durante um mês trabalhando no café e fazendo a formação. Saía de um e ia direto para o outro, fazendo 15 horas de trabalho por dia. E foi assim que entrei na área da estética. Não foi algo que eu sempre quis; na verdade, nunca tinha passado pela minha cabeça trabalhar na área da estética. Na minha infância, eu dizia que seria professora de matemática.

Fiquei nessa empresa por quatro anos. Sou muito grata pelo tempo trabalhei lá, mas chegou um momento em que eu queria conhecer mais da estética, ampliar meu conhecimento. Na empresa, tudo era muito restrito, e eu sentia que havia um mundo de possibilidades para descobrir. Eu trabalhava como técnica de *threading* e *lash design*.

Em conjunto com uma colega, abri uma loja. Pedimos um empréstimo ao banco e montamos um espaço, estava muito animada e cheia de planos. O primeiro curso que fiz após a minha saída foi de micropigmentação de sobrancelhas, mas não fui adiante. Não me identifiquei com o procedimento.

Os planos não correram como o esperado e a sociedade durou apenas alguns meses; foi desfeita por vários fatores. Decidi então assumir o espaço e a dívida do empréstimo no banco. Foi um início bem desafiador. Lembro-me de ficar vários dias sentada, sem ter um cliente para atender, mas o que não faltava era vontade de fazer dar certo.

Dois meses depois, decidi fechar o espaço. Vendi a mobília e quitei um pouco do empréstimo com o valor da venda dos móveis, o restante do empreendimento fui pagando como deu. Não dava para continuar em um lugar que não havia dado certo.

Aluguei uma sala em um espaço de estética, onde fiquei por onze meses. Tive de sair, porque o senhorio pediu o espaço. Mais uma vez, passei pela preocupação de ter de procurar um novo lugar.

Encontrei uma sala para alugar em um prédio comercial, que tinha 34 m^2 e uma janela grande. Parecia um sonho, até então não tinha tido um espaço com janela. Sempre tinha trabalhado em salas pequenas, sem ver a luz do dia. Não entendia o porquê de tantas mudanças em tão pouco tempo, mas Deus tinha preparado algo maior para mim. Quando peguei as chaves da sala, foi um misto de sentimentos: medo de não conseguir honrar o valor da renda, mas também felicidade por achar que estava no caminho certo. Lembro-me de ter enviado uma foto da sala para uma pessoa muito próxima e recebi como resposta "Você precisa orar mais, não para em lugar nenhum". Confesso que fiquei muito triste, não estava esperando aquela resposta. Mas prometi a mim mesma que faria dar certo.

Um mês e meio depois, veio a pandemia. Foram dois meses em casa, tudo fechado, sem retorno algum. Em casa, sem ter muito o que fazer, comecei a pesquisar mais sobre pestanas e descobri que havia poucas profissionais que faziam o procedimento de *lash lifting*, mas que em outros países este procedimento estava cada vez mais popular. Vi nesse procedimento uma possibilidade de conseguir me destacar. Comecei a pesquisar tudo sobre *lifting*, fiz a primeira formação on-line, ainda na pandemia. Assim que reabriu, comecei a colocar tudo em prática, a fazer inúmeras modelos para divulgar nas redes sociais.

Durante um ano, meu foco foi exclusivamente *lash lifting*. Fiz várias formações e todos os dias divulgava meu trabalho. Além de atrair muitas clientes, comecei a atrair profissionais que queriam aprender a minha técnica. Em 2021, comecei a ministrar cursos. Foi quando, de fato, minha visibilidade aumentou.

As nossas crenças podem nos fazer perder grandes oportunidades. Quando comecei a ter mais visibilidade nas redes sociais, recebi um convite para palestrar em um evento. Minha timidez e meu medo do palco me fizeram recusar, fiquei muito mal por desperdiçar aquela oportunidade.

Certa vez ouvi a frase "Pessoas precisam de pessoas" e percebi que eu precisava de ajuda para superar meus medos. Com apoio de um mentor (Alexandre Simas), ganhei confiança e, hoje, mesmo com um friozinho na barriga, aceito convites para palestrar. Aprendi que com coragem e suporte podemos transformar nossas inseguranças em oportunidades.

Sempre fui muito dedicada em tudo o que fiz, e foi essa dedicação que me proporcionou a oportunidade de, após quatro anos da minha saída, voltar à empresa que me abriu as portas para a área da estética. Mas, desta vez, não como funcionária, e sim como formadora. Recebi um convite para treinar todas as gerentes de loja da empresa com a minha técnica. Até hoje não sei explicar o sentimento que tive ao receber esse convite.

Construí meu negócio com muito esforço e determinação. Tenho um espaço em Lisboa onde realizo atendimentos e ministro formações, além de uma loja on-line de produtos para *lash lifting* e *brow lamination*.

No final de cada formação, eu costumava enviar às alunas links de lojas para comprarem os produtos. Então, pensei: "Por que não enviar o link da minha própria loja?". Foi assim que surgiu a ideia de abrir uma loja on-line. No entanto, teria de ser a melhor loja, com produtos que realmente fizessem a diferença. Hoje, nossa loja – sim, nossa, porque tenho meu marido comigo nesse projeto – oferece os melhores moldes para *lifting*. Atualmente, não só vendemos para profissionais, mas também fornecemos produtos para outras lojas.

Fiz de Portugal a minha casa e não sei se algum dia voltarei para o Brasil. Morar em outro país tem o seu preço. Temos de nos adaptar aos costumes locais, afinal, quem dita as regras é o dono da casa. Mas a pior parte é que, a qualquer momento, você pode receber uma ligação informando que um familiar está no hospital e precisa estar preparado para largar tudo e sair correndo para dar um último abraço e se despedir. Infelizmente, perdi meu pai e foi exatamente isso que aconteceu. Tive de largar tudo e ir me despedir de uma das pessoas mais importantes da minha vida. Foi o pior momento que passei. Foi nesse dia que percebi o alto preço que pago pelas minhas escolhas.

Gostaria de expressar meu profundo agradecimento às minhas alunas e clientes por confiarem no meu trabalho e me escolherem. Meu sucesso também se deve a elas. Quero deixar um agradecimento especial à minha cliente Fernanda Malveiro, que sempre foi um exemplo de superação e inspiração para mim.

Este é um resumo da minha história e espero que, de alguma forma, ela possa inspirar você.

"Ninguém tem a obrigação de acreditar no seu potencial, mas você tem!"

Karine Maia

Kelly Nazima

Meu nome é Kelly Nazima, tenho 41 anos e sou de Londrina/PR. Graduada em Gestão de RH, em 2020 entrei oficialmente na área da beleza, empreendendo no mundo feminino. Sou solteira, tenho um filho de 17 anos, moro com ele e minha mãe, eles são minha base, meu tudo.

Sou *lash master* internacional e educadora *master* internacional reconhecida pelo MEC, formada pela Clássica Academy, onde obtive a Certificação de Aluna Destaque 2023 que mais realizou cursos, referência em fios tecnológicos e excelência no atendimento. Em 2023, ganhei duas premiações: Empreendedoras Paraná e Melhor Estúdio de Extensão de Cílios. Foi extremamente desafiadora a jornada até chegar a essas conquistas, mas sempre estive confiante em meus propósitos, com muita dedicação e amor.

kellynazima.modaebeleza

kellynazima@gmail.com

De *Lash* a empresária

18 CONQUISTANDO O PROPÓSITO DO IMPROVÁVEL AO SUCESSO

Por Kelly Nazima

Meu primeiro contato com o mundo da beleza feminina foi em 2010, quando retornei definitivamente do Japão para o Brasil. Comecei a trabalhar em um salão de beleza bem-conceituado da minha cidade, como recepcionista. Era muito gostoso ver as clientes se embelezando, os profissionais sempre impecáveis em sua apresentação e eu, como recepcionista, que era o primeiro contato visual com as clientes, não poderia deixar de estar impecável com maquiagem, cabelo, acessórios, uniformizada e de salto. Era muito glamour, e eu amava isso. Fiz o meu primeiro curso de maquiagem profissional, mas infelizmente nesse momento não tive coragem de seguir a carreira da beleza.

Trabalhei por dois anos no salão. Acabei recebendo uma proposta de emprego de uma cliente do salão, para trabalhar em sua empresa de farmácia de manipulação. Aceitei e fiquei seis anos nessa empresa, e depois mais dois anos em outra farmácia. Chegou um período que estava totalmente desmotivada em trabalhar com CLT, recebendo ordens diariamente, cobrança por metas e muita picuinha de funcionárias. Resolvi fazer o curso de extensão de cílios que era o auge em 2020.

O curso foi extremamente desafiador, ainda mais que na época eu estava passando por uma lesão no ombro muito forte; meus movimentos estavam bem limitados. Mas concluí o curso e pensei em começar a atender aos finais de semana, para ter uma renda extra, criar habilidade e formar clientela para que eu pudesse sair da CLT e estar totalmente voltada ao empreendimento dos cílios.

O inesperado sempre acontece quando há um propósito de Deus em nossas vidas. Após um mês da conclusão do curso, fui demitida da empresa e ali deu um *start* nos meus pensamentos: agora vou encarar a vida de *lash designer* e vou empreender. A partir daí, começaram os movimentos para dar início no empreendimento. Negociei com minha irmã, que tem um espaço e atua como podóloga, para que eu pudesse trabalhar com ela. Assim, as despesas seriam menores até que tudo fluísse bem. Ela aceitou a proposta, porém aconteceu mais um imprevisto nessa época: a pandemia.

Parecia coisa de cinema: do nada o mundo começou parecia um caos terrível. O medo paralisou muita gente, inclusive eu fiquei um pouco assustada, mas naquele momento, para mim, não havia plano B. Eu tinha que fazer meu negócio dar certo. Como estava recebendo seguro-desemprego, não fiquei tão apavorada em como ia me manter. Esperei passar o período de lockdown e aos poucos fui pegando modelos para realizar a extensão de cílios, pois necessitava de muito treino. Era muito desafiador o procedimento de extensão de cílios, eu demorava, tinha dificuldade em realizar o isolamento, a acoplagem, e o resultado não era nada satisfatório. Mas nunca pensei em desistir; estava firme nos propósitos dos meus sonhos.

A minha vontade em fazer dar certo era tão forte que a energia emanava sobre mim, as coisas começaram a fluir, aos poucos fui melhorando minha técnica; fiz um novo curso, dediquei-me aos treinos e assim fui tendo mais habilidades com a pinça, com os produtos, e meus cílios já estavam fazendo sucesso. Fui uma das pioneiras a realizar o volume brasileiro com os fios tecnológicos, no qual me tornei referência, e fiquei muito feliz com minha evolução. A procura das clientes estava ótima; estava fazendo parcerias com colegas que eram cabeleireiras, manicures, esteticistas, e minha agenda já estava ficando lotada. Era muito gratificante ver a agenda assim. Eu pensava: fiz a escolha certa em empreender no mundo dos cílios.

Mas o inesperado aconteceu. Quando menos esperamos, para minha surpresa, meu mundo mudou da água para o vinho em julho de 2021. Todo o meu sonho caiu por terra. Veio uma enfermidade terrível em minha vida. Tive uma trombose venosa cerebral, uma doença rara, tanto que os médicos não achavam o diagnóstico correto. Fiquei duas semanas sentindo uma dor de cabeça fortíssima, náuseas, não conseguia mais comer nada e não parava nem água em meu estômago.

Fui duas vezes no médico, sem saber o que tinha, e ele me mandava embora dizendo que era enxaqueca crônica, só aplicava soro e pronto. Já tinha perdido a esperança de vida, não sabia mais o que fazer. Certo dia, resolvi procurar acupuntura para aliviar as dores, mas não tive êxito. Passei muito mal durante o procedimento, vomitei, minha pressão subiu e a profissional falou que precisava chamar ambulância senão poderia ocorrer o pior. Pedi que chamasse minha irmã, pois queria que ela me levasse ao hospital, onde já havia passado no dia anterior. Fomos às pressas, eu estava praticamente convulsionando, sem conseguir abrir meus olhos, com náuseas fortes e sem condições de andar. Chegando ao hospital, fui colocada imediatamente para dentro e ali começaram os piores dias da minha vida.

Realizei uma tomografia e a notícia do diagnóstico chegou. O médico disse que eu precisaria ir para outro hospital, com estrutura maior, porque lá não tratava TVC. Eu não tinha noção da gravidade da minha enfermidade, mas fiquei com muito medo de morrer. Como era época da pandemia ainda, os hospitais estavam todos lotados e para o qual eu fui transferida estava pior ainda. Fiquei jogada no chão por dois dias, porque não tinha vaga na UTI. No terceiro dia me colocaram em uma cama, na enfermaria mesmo, porque nem quarto disponível tinha. Vivi momentos de muita dor; minha cabeça parecia que ia rachar. Minha família não podia me acompanhar, nem visitar devido à pandemia, então meus dias eram choro atrás de choro. Fiquei dias sem tomar banho, não podia dar nem um passo ou ir ao banheiro, mal conseguia me alimentar sozinha. Era um desespero! Era terrível ficar na enfermaria vendo muita gente sofrendo, gritando, chorando, parecia que eu estava em um hospício.

Fiquei internada por uma semana e tive alta domiciliar, mas o tratamento continuaria em casa e começaria a investigação da TVC. Precisei ir em cardiologista, vascular, hematologista e neurologista. Para surpresa de todos, não houve uma resolução da causa, então até hoje preciso fazer exames periódicos e tomar medicamentos de uso contínuo. O meu caso foi tão raro e tão grave que nenhum médico acreditou que sobrevivi, falavam que minha vida era um milagre e não ter ficado com nenhuma sequela também.

Minha vida é um verdadeiro milagre de Deus. Sou extremante grata por todas as orações que recebi, pois creio que ter saído ilesa foi fruto de muita oração e fé. Mesmo com tanta gratidão por ter sobrevivido, o período de recuperação – em torno de dois meses em casa – foi extremamente deprimente. Como era autônoma, não entravam recursos financeiros, tinha medo de ter que indicar minhas clientes para outra profissional e elas não retornarem mais, entre outros vários fantasmas da minha mente. Ficava me questionando: "Deus, por que teve que acontecer isso comigo, agora que eu estava no auge de minha carreira?". Cheguei até a pensar se não seria melhor eu ter "partido".

Mas quando há um propósito de Deus em nossas vidas, tudo muda se houver fé. Aos poucos tentei digerir a situação. O que me motivou a superar as dificuldades e retomar as atividades profissionais foram as mensagens e os áudios das minhas clientes. Mesmo eu indicando minhas colegas *lashes*, as minhas cilhudas empoderadas me perguntavam: "Kelly, quando você vai poder retornar ao trabalho?", "Não quero te pressionar, mas preciso que você volte!", "Você é a melhor, tem excelência no trabalho, não troco você por nada!", entre outras mensagens que eu recebia.

Nesse momento, uma chave começou a virar. Eu tinha uma missão a cumprir, meu propósito era elevar a autoestima das mulheres e proporcionar bem-estar. Elas precisavam de mim! Quando o médico me liberou para retomar o trabalho moderadamente, imediatamente entrei em contato com essas clientes. Fazia dois atendimentos por dia e fui aumentando aos poucos. Eu não tenho palavras para expressar o tamanho da minha gratidão por elas me escolherem e por me acolherem com tanto amor e carinho. Chegava a me emocionar fazendo os atendimentos, porque sentia e via na expressão de cada cliente o quanto eu era importante para elas.

Tudo isso me inspirou a ser uma profissional melhor. Busquei muitos cursos, mentorias, assistia a *lives* de grandes mentores de desenvolvimento pessoal e inteligência emocional, e não queria que nada mais me abalasse, pois entendi que sou forte "como uma leoa".

Na área dos cílios também investi em vários cursos para me especializar mais, e tudo foi fluindo. Começaram a pedir que eu desse cursos, foi quando me inscrevi na melhor mentoria de educadoras do Brasil: Educadora *Master*. Pela graça de Deus, fui selecionada.

Muitas portas começaram a se abrir. Na virada de 2021 para 2022, viajei com toda minha família, coisa que nunca tínhamos feito. Em 2022, realizei um pequeno projeto de melhoria em meu espaço e, em 2023, recebi três premiações: Empreendedoras Paranaenses (representando Londrina); Melhor Estúdio de Extensão de cílios de Londrina; e Aluna Destaque da Clássica Academy. Foi algo extremamente gratificante, jamais esperava receber essas premiações, mas Deus foi muito generoso comigo. E, agora, em 2024, recebi também a validação do meu certificado de Educadora *Master* Internacional reconhecida pelo MEC. Tudo isso me tornou uma excelente profissional de referência no mercado *lash*.

Nos momentos desafiadores, questionamos tanto nossas vidas com ingratidão, murmuração, desânimo, mas em tudo há um propósito a ser cumprido. Passar pelo vale da sombra da morte foi doloroso, mas vencer degrau por degrau foi necessário para amadurecer meus pensamentos, sentimentos e emoções e entender que Deus é quem está no controle de nossas vidas. Ele quer o melhor para nós. Onde há fé coisas extraordinárias acontecem ao nosso favor, para ser cumprido o Seu legado. Sou *lash* empresária com muito orgulho.

"Em meio ao caos, Deus faz milagres acontecerem para aqueles que tem a fé inabalável perseverando em seu propósito."

Kelly Nazima

Larissa Costa

Com mais de quinhentos mil seguidores ao todo, são mais de 270 mil seguidores no Youtube e mais de 250 mil seguidores no Instagram. Sou a maior *lash* do Brasil e do mundo nas duas plataformas.

São mais de nove milhões de visualizações no YouTube, mais de cem mil pessoas assistem meus vídeos todos os meses há dois anos; mais de quinhentas mil contas alcançadas todos os meses no Instagram. Tenho a placa de prata no YouTube (+ de cem mil inscritos); sou Hotmart Black (+ de um milhão em vendas de curso on-line); mais de dez mil afiliados na Hotmart; 6em7 Erico Rocha (+ de R$ 100 mil faturados em um dia com curso on-line).

Dona dos posts mais virais da história do Instagram sobre extensão de cílios (nove mil seguidores ganhados com um único post). Mais de dez mil alunas no mundo todo em mais de quarenta países.

E tudo isso sem gastar R$ 1,00 em tráfego e sem comprar seguidores.

estetica.larissacosta

+55 (19) 99791-4676

Escola para Esteticistas

De Lash a empresária

19 DO ZERO AO MILHÃO

Por Larissa Costa

Meu nome é Larissa Cristina Costa, mais conhecida como Larissa Costa. Tenho atualmente 27 anos e nasci em Mogi Mirim, interior de São Paulo. Minha mãe se chama Elaine, meu pai se chamava João e tenho um irmão mais velho que se chama Rafael. Quando criança, sempre fui o "xodó" das minhas tias e da minha avó, Maria, por parte de mãe. Gostava de brincar de Barbie e sempre fui apaixonada por cachorros, eu tinha uma coleção de cachorrinhos em miniatura (P.S.: ainda tenho).

Hoje moro com meu esposo e nossas duas cachorras, a Meggie e a Maya, na cidade vizinha de onde eu nasci, Mogi Guaçu. Me formei em Estética em 2018 pela faculdade Uniararas, em Araras, e antes de começar a trabalhar na área já fui atendente de shopping vendendo capinhas de celular e já trabalhei à noite como garçonete enquanto fazia a faculdade. Iniciei na área de estética fazendo estágio em uma clínica em Mogi Mirim. Depois de concluir o estágio, fui trabalhar em uma outra clínica em Mogi Guaçu, cidade vizinha. Durante essas experiências de trabalho, pude ver e sentir na pele o quanto na área da beleza/estética, na grande maioria das vezes trabalhando para terceiros, você vai penar de trabalhar para poder tirar R$ 1.800,00 por mês. Seja fazendo oito massagens por dia, dez limpezas de pele por dia, dez extensões de cílios por dia.

Logo, depois de ver isso com meus próprios olhos e sentir na pele, tive a coragem de começar a trabalhar por conta própria. Comecei atendendo às minhas clientes em domicílio, ou então no meu quarto, elas deitadas na cama ou no sofá e eu numa cadeira de cozinha. Então aluguei a minha primeira sala que tinha 2 m^2 e, mesmo com poucos clientes nos três primeiros meses, nunca ganhei menos de R$ 1.000,00. Dois meses depois já ganhava cerca de R$ 2.000,00 por mês trabalhando 8x menos do que quando trabalhava para terceiros. Conforme foram passando os meses e as pessoas foram me conhecendo, principalmente pelas redes sociais e indicações, consegui uma gama de clientes bacana e hoje estou na minha quarta sala, sempre mudando para uma melhor, graças a Deus. Decidi entrar para área de extensão de cílios depois de ver os cílios de uma amiga minha. Eu sabia que tinha alguma coisa diferente nela, mas não sabia identificar o que era, então perguntei e ela me respondeu que tinha feito o fio a fio e na hora já fiquei apaixonada, uns cílios bonitos, delicados, que não ficam borrados, que valorizam o olhar. Então, logo marquei e fui fazer os meus cílios com a moça que tinha feito os cílios dessa minha amiga e desde então nunca mais quis parar de fazer a extensão de cílios.

Eu sempre fui apaixonada pela área da beleza e pela área da estética, sempre gostei de me cuidar, de passar maquiagem, de cuidar do meu cabelo, de usar roupas bonitas, de usar salto alto. Nos eventos de família, era sempre eu que fazia a maquiagem das minhas tias e eu amava. Decidi cursar estética por esse motivo, porque eu gostava de me cuidar, de cuidar das pessoas, de deixar as pessoas mais bonitas, de ajudar a aumentar a autoestima das mulheres.

Eu já trabalhava com limpeza de pele, drenagem, massagem relaxante. E nas clínicas onde trabalhei eu também atendia tratamentos corporais – como gordura localizada, celulite – e tratamentos faciais – como *peeling*. Eu gostava de trabalhar com tudo isso, porque era muito gratificante ver no rosto das clientes o sorriso de felicidade quando elas alcançavam os objetivos, e até mesmo quando eu fazia um bom atendimento, quando elas gostavam de mim e do meu trabalho e estavam ali para ter aquele momento só delas, um momento de relaxamento, um momento que eu estava ali para fazer o atendimento, mas também para ouvi-las.

E com a extensão de cílios não foi diferente, sentir a alegria de cada cliente na hora que ela abre os olhos e vê como ficou o resultado dos cílios dela... Isso não tem preço, porque foi exatamente isso que senti, uma felicidade em ver meus olhos lindos do jeito que estavam. Isso aumentou a minha autoestima, me senti muito mais bonita.

E foi aí que eu vi uma oportunidade de aumentar a autoestima das minhas clientes por meio do embelezamento do olhar – e, é claro, de ganhar bem por isso. Comecei a pesquisar cursos de extensão de cílios, e naquela época não tinha tantos cursos on-line, era mais cursos presenciais, então fiz meu primeiro curso presencial aqui na minha cidade mesmo, em uma das maiores escolas da região. Paguei R$ 750,00 em cada técnica (fio a fio e volume russo) e comecei a atender clientes de cílios em 2020.

Depois de ingressar nesse mundo, também já fiz diversos cursos on-line para me aprimorar e ser uma profissional melhor, levando o que tem de melhor para as minhas alunas e clientes.

Foi quando eu percebi que os cursos presenciais da minha cidade eram muito defasados, não ensinavam quase nada e o pior de tudo é que uma das professoras que me deu o curso nem trabalha com extensão de cílios, era professora, mas como não vivenciava o nosso dia a dia, ela não sabia me explicar o que eu fazia de errado.

E foi então que eu decidi começar a criar conteúdo no YouTube e no Instagram voltado a ajudar *lashes* iniciantes que também se sentiam perdidas, assim como eu um dia me senti, e que também queriam trabalhar na área da beleza. Depois disso, passei a receber inúmeras mensagens de pessoas que me acompanhavam e queriam meu curso, então comecei a dar cursos presenciais na minha cidade, e depois veio a ideia de criar um curso on-line – porque assim eu conseguiria atingir um público muito maior do que somente por um curso presencial. Fora que na modalidade presencial temos pouquíssimo tempo para ensinar tanto conteúdo. Já que nos cursos on-line, a aluna pode rever as aulas, assistir quando e onde quiser, e tirar todas as dúvidas.

E foi assim que tudo começou, hoje sou pós-graduada em Estética Avançada, sou a maior *lash* do Brasil e do mundo. Sou a *lash* que cria os melhores conteúdos e com a melhor qualidade para minhas alunas e seguidoras. Tenho mais de dez mil alunas no mundo todo, em mais de quarenta países

Meu curso on-line é o curso de extensão de cílios mais bem avaliado na Hotmart, com a avaliação máxima, ou seja, cinco estrelas, e estou todos os dias criando o melhor conteúdo e trazendo as maiores novidades do mundo das *lashes* para todas que me acompanham. Hoje também tenho a minha loja on-line de produtos e materiais para extensão de cílios, a LariShop, para a qual escolhi a dedo os melhores produtos para as minhas alunas e seguidoras; eu só trouxe materiais de qualidade e de procedência, com os melhores preços do mercado e com entrega rápida. E tudo isso graças a cada uma das minhas seguidoras e alunas que me acompanham. O meu eterno agradecimento.

Hoje tenho a casa que sempre sonhei, o carro dos meus sonhos, meu Studio do jeito que eu sempre quis. Tenho liberdade financeira e de tempo, tudo isso graças aos cílios. E você também pode tornar tudo isso possível, basta você querer!

"Juntas vamos tranformar o mundo."

Larissa Costa

Lorhayne Souza

Meu nome é Lorhayne Souza, natural de Guajará-Mirim/RO, e resido em Goose Creek, na Carolina do Sul, nos Estados Unidos. Graças a Deus, vim para esse país incrível com toda a minha família: meus pais, que são meu alicerce, meu irmão e todo o resto, e ainda fui abençoada com um esposo maravilhoso, Igor Barreto, e com o meu bebezinho Isaac.

Sou extensionista de cílios, *designer* de sobrancelhas, educadora *master*, palestrante, criadora do Mastermind Rika, um método de aceleração de resultados que já impactou a vida de centenas de pessoas aqui nos Estados Unidos. Sou um exemplo vivo de que é possível uma imigrante ter sucesso nos EUA fora da área de *house cleaning*.

lorhaynesouza.rika

+1 (401) 391-6490

lorhaynesouza@mastermindrika.com

20 DE FAXINEIRA NOS EUA A *LASH* DE SUCESSO

Por Lorhayne Souza

A minha história inicia com a necessidade de mudar de emprego. Acredito que muitos já sabem que nos Estados Unidos o primeiro trabalho que a maioria das mulheres encontram é o *house cleaning*, a faxina. E, assim como grande parte das pessoas que imigram para os Estados Unidos, fui direto para a limpeza de casa. Fiquei dois anos trabalhando nisso. Estava esgotada dessa profissão, pois não era o meu objetivo de vida e não aguentava mais limpar de quatro a seis casas por dia em troca de pouco salário. Esse descontentamento me gerou um desejo ardente de migrar para uma profissão que não exigisse tanto do meu físico e fosse lucrativo. Então me permiti abrir os olhos para outras áreas de trabalho pouco exploradas pelos imigrantes aqui nos Estados Unidos.

Minha cunhada Beatriz Ferasso, como uma boa consumidora de estética, apresentou-me a extensão de cílios como uma opção de renda extra e, quem sabe, para migrar de carreira. Ali vi uma brilhante oportunidade, pois sempre gostei de cuidar de pessoas. A minha sede de mudar de profissão era tanta que marquei o curso de extensão de cílios o mais rápido possível, sem sequer pesquisar a respeito dessa área. Eu era totalmente leiga, nunca havia usado extensão nos meus cílios.

Então, chegou o dia de conhecer de fato a minha nova profissão. Para mim, foi um susto; não imaginava que era necessário manusear duas pinças afiadas para executar aquele trabalho tão delicado, que era colar fio por fio. Sinceramente, foi um balde de água fria. Por um momento pensei que era incapaz de realizar aquela função, pois uma crença limitante que me acompanhava desde a minha de infância veio à tona. Meu apelido até um certo tempo era Lorhayne Derrama, porque eu era estabanada e derrubava tudo. Para você ter noção do quanto isso estava enraizado dentro de mim, eu tinha uma insegurança excessiva de tirar a poeira dos móveis das casas que eu limpava, pois tinha medo de quebrar os objetos. E de tanto acreditar nisso, eu realmente me tornei uma pessoa que não conseguia fazer serviços que exigissem mais cuidado e delicadeza.

Naquele mesmo dia do curso, me veio a certeza de que o meu desejo ardente de não ser mais faxineira era muito maior do que as crenças que me limitavam. Acreditei que eu, sem talento algum, poderia fazer a área *lash* dar certo na minha vida. É claro que no dia a dia de qualquer empreendedor existem os momentos de vitória e de fracasso, e eu tive vários momentos assim.

Ouvi muitas palavras desmotivantes de mulheres que eu chamava para serem minhas modelos de treino. Elas me diziam que não valia a pena deixar a *house cleaning* para trabalhar colando pelinhos, pois não teria clientes e muito menos dinheiro. Decidi não escutar as vozes de fora naquele momento, mas sim a voz que gritava dentro de mim; trabalhei a minha mentalidade lendo um livro que me auxiliou nessa jornada do autor Napoleon Hill, *Quem pensa enriquece*. Esse livro me abriu os olhos e me ensinou a não desistir e ser paciente comigo mesma perante cada erro cometido, pois eu sabia que em algum momento iria acertar.

Já tinha idealizado na minha mente eu sendo uma extensionista de cílios de sucesso, muito requisita, tendo uma agenda cheia de clientes. Com a mentalidade certa, sabia que dependia de mim buscar meu aprimoramento e excelência para chegar ao meu objetivo. Eu tinha que tentar até dar certo, errava tentando acertar. Agora, com a minha mente trabalhada e o meu objetivo definido de ser uma *lash* de sucesso, só me faltava organização e disciplina. Então, foquei a transição de carreira e desenvolvi um método que me fez evoluir muito no meu objetivo.

O primeiro passo que tomei foi baixar uma agenda no meu celular para poder me organizar, defini os dias e horários que eu trabalharia na faxina e os horários e dias que eu iria estudar e treinar para aprimorar a minha técnica, diminuí as distrações e facilitei o caminho da disciplina. No início, marcava duas modelos por semana para treinar e intercalava treinar na boneca, e estudava todos os dias, mas a chave para esse sistema dar certo era já ter tudo predefinido. Eu já deixava na minha agenda escrito o que eu tinha que estudar e quanto tempo me dedicaria por dia àquela matéria. Aderi ao meu estudo a técnica pomodoro, que nada mais é do que você ficar com foco nos estudos, sem distrações, por 30 minutos e descansar 10 minutos. Aplicava essa técnica várias vezes no meu dia, pois já sabia que para ser uma *lash* empresária precisaria estudar muito mais do que apenas técnicas diferentes de cílios, mas também estudar marketing, Instagram, vendas – além de captar e fidelizar clientes.

Hoje olho para trás e agradeço a Deus por me despertar para uma nova mentalidade, na qual não aceitava o fracasso como resposta final, mas sim como o início de uma caminhada, e cheguei à seguinte conclusão: tenha um desejo ardente maior do que as crenças que te limitam e será impossível não realizar os seus sonhos. Então, desejo que você, leitora, entenda que o poder está dentro de você, não se agarre ao seu momento de frustração, mas persista com fé no seu objetivo, pois em todo o caminho que você for trilhar vão ter momentos de dor, fragilidade, cansaço, desânimo por errar tanto. Tenha a certeza de que se você persistir e evoluir todos os dias, independentemente dos fracassos, a sua única opção será o sucesso.

Sabe aquela frase famosa "O mundo não te deve nada"? Ela é real, e no momento que eu entendi isso tudo fluiu porque peguei a responsabilidade de dar certo para mim. E é claro que está dando certo, pois eu não sou mais *house cleaner*, não preciso mais limpar várias casas, não tenho mais nenhum chefe mandando em mim. Agora sou a minha própria chefe e faço os meus próprios horários. Além disso, estou grávida do meu bebê Isaac. A melhor escolha que fiz foi deixar de ser *house cleaner* para empreender no *lash* e poder ter melhor qualidade de vida e uma gestação tranquila e abençoada. Valeu a pena cada esforço, cada aprendizado!

Agora você, cara leitora, talvez esteja em dúvida sobre o seu futuro, não sabe o que fazer, não tem noção se quer prestar alguma faculdade e está sem norte, eis aqui o meu conselho: não se desespere, pense bem e com calma o que você quer para sua vida, pois, antes de ser a empreendedora realizada que sou hoje, eu era indecisa da vida e escolhi fazer três faculdades apenas por *status*: primeiro foi Medicina na Bolívia, que foi frustrante, fiz apenas o primeiro semestre; segundo foi Direito, também fiz apenas um semestre e já desisti, porque percebi de cara que não era para mim aquela vida; e terceiro foi Odontologia, essa eu acho eu poderia ter tentado até o final, mas fiquei apenas dois semestres. Você deve estar se perguntando por que essa mulher tentou tantas coisas diferentes, e a resposta é que eu estava perdida, não sabia o que queria realmente da minha vida, o que queria de profissão, mas descobri que o que queria mesmo era ser empreendedora e sou muito feliz de dizer que sou empresária *lash*, amo o que faço.

Todas as vezes que desisti daquelas faculdades, desacreditava de mim mesma cada vez mais, que eu não era persistente e capaz, que eu não era disciplinada, que eu era uma frustração para os meus pais, pois, em cada faculdade que eu entrava, eles acreditavam que eu sairia formada dali. E eu sei que frustrei bastante eles, mas estava determinada a fazer dar certo e, quando você encontra essa força dentro você para sacudir a poeira do corpo e seguir em frente, independentemente do que tenha feito, pode ter certeza de que o resultado é a taça da vitória. Então, um conselho: se você está querendo migrar de carreira ou começar um trabalho agora, digo que vale muito a pena ser empreendedor e ser dono do seu negócio. Ser extensionista de cílios é incrível, poder devolver a autoestima de mulheres que já não se amavam mais, mulheres que querem economizar tempo se maquiando, que não querem mais se preocupar com o rímel borrado após um choro de alegria ou de tristeza.

É gratificante poder fazer a diferença na vida do próximo e fazer a diferença na sua própria vida, faturar mais trabalhando em menos tempo, evoluir na carreira constantemente, pois nessa área estamos em constante evolução. Você não apenas faz a diferença na vida de suas clientes, mas também na vida de mulheres que querem ser *lash* e ter independência financeira, assim como você. Eu aprendi a pensar grande, você também pode. Não aceite ficar na mesmice, não importa se ninguém apoia ou acredita em você, o mais importante de tudo é você acreditar nos seus sonhos e que você é capaz de realizá-los. Saiba que é melhor aumentar a sua mentalidade para poder realizar os seus sonhos do que diminuir os seus sonhos para que caibam em sua mente pequena.

Se você acredita que pode muito mais, então eu convido você a me seguir nas duas contas do Instagram que deixei neste capítulo, pois tenho certeza de que posso auxiliar no seu processo até o seu sucesso desejado. Lembrando que sou idealizadora, com a minha sócia, do Mastermind Rika, um método de aceleração de resultados tanto para você que está nos Estados Unidos como para você que está em qualquer outro lugar do mundo. Eu posso te ensinar a ser uma *lash* requisitada, com a agenda cheia.

"Tenha um desejo ardente maior do que as crenças que te limitam e será impossível não realizar os seus sonhos."

Lorhayne Souza

Lash Boss
Lua lash

Lua Lash

Sou Luana Passos Bento, natural de Santo André/SP e tenho 22 anos. Resido em Santo André com a minha amada família: meu pai Natal, minha mãe Roberta e meus quatro cachorros: Cadu, Julia, Zoe e Polenta.

Sou mentora, palestrante, instrutora, idealizadora do *workshop* Mulheres Milionárias e CEO do Studio Lua Lash. Tenho mais de cinquenta mil seguidores, já realizei mais de três mil atendimentos e sou certificada em quatro países. Também sou criadora dos e-books: *Como ganhei +30K de seguidores em 3 meses e Do zero ao lucro*. Atualmente, além de fazer colocação de cílios, instruo em um curso para ajudar e criar novas *lashes* de sucesso.

Incentivo e inspiro outras mulheres a serem empresárias e a terem sua independência financeira.

studiolualash

+55 (11) 96168-6724

lualash14@gmail.com

De *Lash* a **empresária**

21 ALMA DE SONHADORA: A JORNADA DE UMA VISIONÁRIA

Por Lua Lash

Retornando ao início, descreverei a transformação de Luana para Lua Lash.

No dia 14 de março de 2002, nasceu Luana, uma jovem corajosa e determinada, repleta de aspirações, em uma comunidade periférica de São Paulo. Durante sua infância, residia na casa de sua avó Luzinete, com seu pai Natal, sua mãe Roberta e sua irmã Nathalia, no bairro de Parque Santa Madalena. Embora fosse uma criança reservada, apreciava brincar na rua com sua irmã, assistir a desenhos animados e cuidar do seu cachorro Maylon.

Aos 6 anos, Luana iniciou sua jornada no ballet, inspirada por sua madrinha Michelle, que era bailarina, e motivada por sua avó. Mesmo sendo jovem, destacou-se entre as crianças de sua faixa etária, o que levou sua professora a colocá-la para treinar com alunas mais velhas. Após iniciar o treinamento na nova divisão, ela foi negligenciada tanto pela instrutora quanto pelas alunas mais experientes, o que resultou em sua desmotivação para frequentar as sessões de treino. Após quatro anos praticando, o seu sonho de se tornar bailarina chegou ao fim.

Com 7 anos, sua mãe Roberta se submeteu a uma cirurgia plástica que a obrigou a ficar um período de repouso. Durante o pós-operatório de sua mãe, Luana descobriu uma nova paixão: cuidar do próximo. Essa experiência despertou nela um profundo interesse pela medicina humana e, por gostar muito dos animais, também se interessou pela medicina veterinária. Esse despertar de sentimentos a motivou a almejar uma carreira na área médica, embora estivesse ciente dos desafios que enfrentaria para realizar esse sonho, pois sua família não dispunha de recursos financeiros para custear uma faculdade.

Após dois anos, os pais de Luana conseguiram prosperar e se tornaram empresários, estabelecendo dois empreendimentos: uma concessionária de carros e um restaurante. Luana desempenhava um papel ativo nos negócios, auxiliando na manutenção da concessionária, trabalhando na cozinha do restaurante e realizando a distribuição de panfletos nas redondezas. Essas atividades resultaram em uma situação financeira favorável para a família, permitindo-lhes adquirir a casa própria e mudar-se de região, estabelecendo-se em Santo André.

Ao chegar a Santo André, a vida dela sofreu uma mudança abrupta. Seus pais a matricularam em uma nova escola, na qual ela enfrentou situações de *bullying*, tanto por parte dos professores quanto dos colegas de sala. Essa experiência resultou em alterações comportamentais que impactaram negativamente seu desempenho acadêmico, levando à reprovação no sétimo ano. No ano seguinte, em conjunto com sua família, decidiram realizar um sonho em comum: viajar para o exterior. Assim, embarcaram em uma viagem para a Disney.

Logo após esse período de conquistas, a vida de Luana passou por uma reviravolta desafiadora, com a falência das empresas de seus pais. Esse acontecimento marcou o início de um período extremamente difícil e complexo para toda a família, levando à depressão da mãe e à necessidade de seu pai se tornar motorista de aplicativo.

Aos 14 anos, sua irmã lhe apresentou o mundo da extensão de cílios, proporcionando a Luana seu primeiro contato com essa prática. Embora tenha introduzido a área que ela viria a seguir futuramente, essa primeira experiência não deixou uma boa impressão, pois a profissional responsável cometeu um erro no procedimento, que resultou em problemas oculares. Esse episódio traumático fez com que ela só voltasse a buscar a extensão de cílios dois anos depois.

Diante dessa situação, aos 15 anos, no início do Ensino Médio, ela tomou a decisão, em conjunto com seus pais, de trocar a escola particular pela Escola Estadual Amaral Wagner, uma instituição pública. Essa mudança também visava a auxiliar seus pais a economizarem para custear seus estudos na faculdade de Medicina, um sonho acalentado há tempos. Porém, no decorrer do segundo ano do Ensino Médio, Luana enfrentou problemas comportamentais que resultaram em sua expulsão da escola. Contudo, essa medida foi brevemente aplicada, pois, após se desculpar, foi readmitida na instituição.

Após concluir sua formação acadêmica, iniciou a busca por uma oportunidade profissional para viabilizar seu sonho de cursar uma faculdade. Nos primeiros dois anos, apoiou sua irmã em seu negócio de moda feminina, prestando serviços de transporte no Brás, em São Paulo. Posteriormente, a convite de uma colega, passou a atuar como recepcionista em uma barbearia. Embora tenha recebido a proposta com entusiasmo, ao longo do tempo, a experiência se transformou em um episódio traumático, pois foi vítima de assédio por um colega de trabalho e, ao se recusar a aceitar tal comportamento, acabou sendo demitida.

No entanto, Luana havia realizado um curso enquanto ainda frequentava o Ensino Médio. Logo após ser demitida, conseguiu um novo emprego graças a essa qualificação, passando a integrar a equipe administrativa de uma rede de supermercados em 2020. Sua permanência durou apenas dois meses devido à eclosão da crise da covid-19, que desencadeou uma pandemia global. Após um ano de pandemia, em 2021, o desejo de estudar Medicina persistia, porém, agora direcionado para a Argentina, devido à impossibilidade financeira de arcar com os custos no Brasil.

Durante a pandemia, sua irmã enfrentou uma crise de vendas que culminou no encerramento de sua loja de roupas femininas. Em parceria com seu namorado, optou por lançar a Royal Cases, um novo empreendimento com foco em acessórios para celular. Luana foi recrutada como vendedora para impulsionar o desenvolvimento do negócio familiar. No entanto, após um desentendimento com sua irmã, ela tomou a decisão de deixar a empresa, encontrando-se novamente desempregada.

Aos 19 anos, Luana enfrentou um período de profunda incerteza em relação ao rumo de sua vida devido à pressão familiar, o que resultou em episódios de depressão e crises de ansiedade. Ao ser acolhida por sua madrinha, que atua em uma empresa de audiovisual, recebeu um convite para atuar como figurante em um programa de TV. Esse momento despertou nela uma paixão pela exposição diante das câmeras, motivando-a até mesmo a pensar em trocar o sonho da faculdade de Medicina pela faculdade de Audiovisual.

Continuando a trajetória no ramo audiovisual, foi promovida de figurante à assistente de produção em um projeto sobre a covid-19 no formato de *stand-up*. A mãe dela, inspirada pelo cenário favorável, desejava fazer um curso de extensão de cílios. No entanto, devido a um problema ocular, ela decidiu propor à Luana que iniciasse essa empreitada. A ideia era que Luana aproveitasse essa oportunidade não só para adquirir uma nova habilidade, mas também como uma forma de financiar sua tão sonhada faculdade de Medicina. A mãe de Luana acreditava que, ao investir nesse curso, Luana poderia construir uma clientela fiel e gerar uma renda significativa, o que ajudaria a custear seus estudos.

Apesar de inicialmente duvidosa e hesitante, ela eventualmente aceitou a proposta de sua mãe. A profissão parecia ser menos exigente em comparação a outras, oferecendo uma oportunidade para ganhar dinheiro e auxiliar seus pais com os custos enquanto estudava na Argentina. Assim, começou a buscar profissionais especializados na técnica de cílios que mais apreciava, conhecida como os famosos "volumões". Foi então que encontrou Camilla Porfirio, que se tornou sua mentora. E, em 22 de março de 2022, deu início à sua jornada na área de extensão de cílios. Assim nasceu a Lua Lash.

Ao longo do curso, Lua confrontou desafios significativos, questionando sua capacidade de aprendizagem. No entanto, o apoio de sua mentora e família foi crucial para incentivá-la a persistir. Mesmo diante das adversidades, a determinação em atingir seus objetivos sobrepujou o medo do fracasso. Após concluir o curso, empenhou-se em encontrar um local para estabelecer seu novo estúdio, contando com o respaldo de seus pais para iniciar suas atividades em um cômodo de sua própria residência, utilizando até a poltrona de seu pai para começar. Inicialmente, a escassez de materiais essenciais a impedia de fazer seu trabalho, levando-a a participar de uma feira de exposição durante um fim de semana para angariar fundos. Com os recursos obtidos, adquiriu os materiais necessários e mergulhou de cabeça na área, conquistando catorze clientes já em sua primeira semana.

Após um mês de atuação na área, sua mentora presenteou-a com um curso de aperfeiçoamento em volume russo e mega volume. Essa oportunidade permitiu que Lua se destacasse em sua região e no Instagram, atraindo seguidores, mas também gerando críticas. Apesar das adversidades, manteve-se firme diante das críticas e persistiu em seu crescimento, alcançando progressivamente sua independência financeira.

Através da prática de extensão de cílios, no primeiro ano de atuação na área, alcançou um dos seus maiores objetivos: realizar um procedimento estético. Esse foi apenas o início de uma jornada marcada pela concretização de sonhos, paixão crescente e dedicação contínua ao universo da extensão de cílios. Após um ano realizando atendimentos em seu quarto, Lua procurou crescer e concretizar mais um grande sonho: a abertura do seu tão almejado estúdio profissional, deixando para trás o ambiente doméstico.

Após a inauguração de seu estúdio profissional, a carreira de Lua Lash teve um crescimento notável e inesperado. Ela conquistou uma considerável quantidade de seguidores nas redes sociais e recebeu vários prêmios. Além disso, foi convidada a palestrar sobre seu trabalho em diversos eventos.

Atualmente, é reverenciada pelo afeto de seus seguidores, chegando a ser reconhecida em ambientes públicos. Emprega sua influência e visibilidade na internet para aconselhar e oferecer orientações a profissionais iniciantes no setor, realizando o desejo de auxiliar os outros, como sempre almejou. Recentemente, contribuiu para as vítimas das enchentes no Rio Grande do Sul, coordenando arrecadações e distribuindo suprimentos para famílias e animais afetados.

"A obsessão ganha do talento todas as vezes."

Lua Lash

Foto: Bianca Alves.

Ludymila Amorim

Meu nome é Ludymila Amorim, nasci em Senhor do Bonfim/BA e resido em Filadélfia/BA com minha família: meu esposo Dielson Neri e minha filha Maria Júlia. Filha de Adeblando e Marcia, irmã de Adna Sãmela, e tia de duas joias preciosas, Noah e Ana Isabela.

Sou *lash designer* e terapeuta em saúde dos cílios há quase quatro anos, tenho dois estúdios, um em Filadélfia e outro em um ponto novo, CEO de um projeto que nasceu no coração de Deus para mim, o Union Lashes.

Venho de família humilde e cristã, temente a um Deus vivo que em breve virá. Sou aquela menina mulher para a qual ninguém dava nada, mas que com o tempo começou a ser admirada.

ludymilaacademy

+55 (74) 99911-1672

ludymila.miladj@gmail.com

De Lash a empresária

22 TUDO É UMA QUESTÃO DE FÉ E PROPÓSITO

Por Ludymila Amorim

Cara leitora, vou começar contando um pouco da minha história e dizendo a você que esta é a segunda vez que escrevo, e estou rindo nesse momento, pois precisei de um incentivo para voltar e escrever com autenticidade.

Venho de uma família simples, temente a Deus, que faz tudo pela obra dEle. Somos uma família como muitas, com brigas e discussões, mas, quando um é atacado, a colmeia se junta para defesa.

Mas falando de minha história, tudo começou em 2021, quando uma mulher que já empreendia na área da beleza me fez o convite para trabalhar com ela e me apresentou essa profissão a qual eu amo hoje. Lembro que pensei: "Poxa, eu disse sim, mas não tenho dinheiro para pagar o curso". Então, ao conversar com meu marido, tivemos a ideia de fazer um empréstimo, porém, como eu iria fazer isso se nem cartão eu tinha? Lembrei-me do meu primo amado, Geferssom Amorim, que poderia me ajudar. Mandei mensagem para ele perguntando se poderia me emprestar o valor, que na época era R$ 600,00, e se poderia dividir para mim, pois o meu esposo tinha o seu trabalho, mas o dinheiro era para nos manter, e eu não queria que ele se preocupasse com isso. Meu primo me emprestou e fiz curso.

Confesso que achei, na primeira vez que peguei em uma pinça, que aquilo não era para mim, porém já tinha pagado, tinha que dar certo. Até chorei, mas lembro que a professora pediu para ter calma e que era só questão de treino. Saí do curso com o pensamento de que tinha que fazer aquilo dar certo, pois tinha investido em algo para a mudança que eu queria. Eu era dona de casa e, na época, ouvi uma pessoa dizer que eu estava investindo o que não tinha à toa, mas eu estava investindo porque queria mudança, queria me encontrar e fazer dar certo, e consegui. Em menos de um ano paguei o empréstimo ao meu primo.

Meu início não foi fácil, assim como o de muitas mulheres. Passei por dois estúdios onde aprendi muito, com erros e acertos. Vi e ouvi coisas que me magoaram e me chatearam, mas sei que cada palavra que ouvi fazia parte de todo esse processo. Às vezes pensava comigo mesma: "Desiste, isso não é pra você". Mas eu sempre ouvia de um tio que eu era capaz, para eu não desistir, porque era só o início, e todo mundo tem um início difícil.

No dia 17 de dezembro de 2022, meu tio/pai foi recolhido pelo Senhor por causa de um câncer raro chamado gliobastoma. Meu tio era como um pai para mim, pois muitas das vezes que o meu pai biológico não esteve presente eu tive a presença dele. A mulher de caráter que sou hoje devo a esse tio/pai, Silvio Amorim, a melhor pessoa que já conheci na vida. Não poderia deixar de mencioná-lo aqui e dizer o quanto ele me ensinou, principalmente a não desistir.

Pensei mais uma vez em desistir, para mim nada mais fazia sentido, eu me sentia inútil. Lembro que, um dia, em uma pregação na minha igreja, o Senhor falou comigo que o tempo era dEle e que eu teria que abrir mão de algumas coisas para que o Seu propósito se cumprisse. Nisso, deixei o último estúdio com uma certa dor, pois tinha feito amizades verdadeiras, mas sabia que lá já não era mais para mim. Decidi ir atrás daquilo que o Senhor queria para mim. Aluguei uma sala e montei meu estúdio com medo mesmo. E digo a você que foi a melhor decisão que já tomei na minha vida toda.

Coisas grandes começaram a acontecer em minha vida. Conheci pessoas incríveis, fiz o curso de *lash* terapeuta, que era um sonho, na Escola Learning School, Ontop Brasil, tive o prazer de conhecer Nanne Santana, idealizadora de um evento que me transformou desde a primeira edição, o Lashes Bahia. Fui às três edições e estarei nas próximas que tiver. Nanne sempre fala de propósitos em seus eventos, e acredito que conhecê-la foi um. Tinha o sonho de realizar um evento em minha cidade, e ela me ajudou muito, e ainda me disse que seria madrinha do evento. Quem diria que uma empresária como ela, tão reconhecida tanto nacionalmente como internacionalmente, ia ser madrinha de um evento de uma cidade pequena como a minha. Mas Deus sempre nos surpreende.

Realizei meu primeiro evento no dia 8 de outubro de 2023, tivemos dezoito inscritas e dezesseis presentes. Foram vidas transformadas, disso tenho certeza; nos conectamos e trocamos experiências até hoje. Tive também o apoio de duas amigas queridas, Elaine Almeida e Marileia Barbosa. No nosso trio, não há competitividade nem vemos outras *lashes* assim.

Viver um propósito muitas vezes dói, pois precisamos passar por um processo, e isso me faz lembrar de um filme que inspirou esta escrita. Não pelo que a jovem passa, mas pelo propósito que ela tinha que cumprir. Uma menina e sua mãe são abandonadas pela figura masculina e sujeitadas à vida de prostituição para sobreviver. Quando sua mãe morre, a menina é vendida a um suposto "cafetão" e se acostuma com aquela vida. Um belo dia, um bondoso fazendeiro a avistou, apaixonou-se à primeira vista e orou para que ela se tornasse sua esposa. Começou a conhecê-la, porém a moça não ligava para ele, mas ele estava decidido a se casar com ela.

E se casaram, mas a mulher achava que aquela vida boa não era para ela e fugiu dele. Ele foi atrás e a trouxe de volta, mas ela continuava achando que ele não a merecia pelo seu passado. Na terceira vez que ela fugiu, um homem a pegou e a levou de volta para o seu antigo bordel. Lá, ela viu duas crianças que eram abusadas e orou a Deus para que o Senhor a instruísse para fazer aquele ciclo se quebrar. Ela então decidiu contar para todas as pessoas que ali estavam o que acontecia naquele lugar, e um homem gentil a ajudou a libertar tanto ela como aquelas crianças. O fazendeiro, que por sua vez era o marido da mulher, não foi atrás dela, pois acreditava que ela teria o livre-arbítrio de sua decisão. Quando ela foi encontrada, estava em uma escola que também servia de abrigo, e um conhecido falou a ela que o fazendeiro ainda esperava por ela, foi quando ela decidiu voltar. E foi assim que ela e o fazendeiro viveram felizes para sempre, como se diz.

Talvez você esteja se perguntando o que isso tem a ver comigo. Já pensou se ela tivesse desistido e voltado para aquela vida que não queria mais? E aquelas crianças provavelmente teriam a mesma história que ela, abandonadas e sem opção, sendo vendidas como objeto.

Esse filme me lembra de uma frase que gosto muito: "Só vive o propósito quem suporta o processo". Mencionei esse filme apenas como um exemplo de que nossas escolhas podem mudar a nossa vida e a do próximo. Você tem essa opção de não desistir e viver o processo desse propósito. Talvez tudo isso não seja sobre mim nem sobre você, mas sobre vidas transformadas. Hoje posso dizer que em cada mulher que renovo a autoestima, vejo o propósito de Deus. Uma certa vez uma cliente chorou no final do procedimento e me disse "Nossa, nunca me senti tão linda assim", e isso me fez ver que não é só colar pelinhos e transformar vidas, e sim realçar aquilo que por muitas vezes está escondido e que, por algum motivo, faz com que elas se sintam inferiores às outras. Ser *lash designer* é um dom dado por Deus, pois não é fácil. Muitas vezes, vemos *lashes* iniciantes desistindo e voltando para a CLT.

Ministrar cursos e ter a oportunidade de mudar vidas, de transformar cenários não é questão de competitividade, é uma questão de ajudar umas às outras; juntas somos mais fortes. Por isso, não se limite, faça aquilo para que você foi chamada a fazer e lute pelos seus sonhos. Você é capaz, não dê ouvidos a vozes estranhas, dê ouvidos à única voz que poderá te ajudar: Deus. Só Ele é capaz de mudar cenários, mas, para isso, precisamos nos fortalecer e passar por cada processo que nos é submetido; é como uma escola que nos ensina a viver com propósito.

Um versículo bíblico de que gosto muito diz: "Até aqui nos ajudou o senhor" (1 Samuel 7:12, parte b). Eu digo a mim mesma todos os dias que até aqui o Senhor me ajudou. Quem diria que eu escreveria um livro ao lado de tantas mulheres, cada uma com sua história extraordinária de superação? Quem diria que eu, que trabalhava para pagar taxas aos outros, hoje teria dois estúdios? Quem diria que eu, que andava a pé e orava para ter um carro, hoje teria um? Quem diria que eu, que orava para ter um terreno para construir uma casa, hoje teria um?

O mundo dos cílios me ajudou, mas de que valeria tudo isso se não fosse a presença de Deus em minha vida? Nada teria sentido. Apenas confie e vá, sem olhar para trás; confie nAquele que te chamou. E, se tiver medo, vai assim mesmo, o medo é um sentimento que quer te parar quando algo realmente vai dar certo. Apenas prossiga, não olhe para a direita nem para a esquerda, não dê ouvidos a vozes alheias nem a pessoas que nunca fizeram nada para si. Confie que vai dar certo. Amém.

"Seja sempre você, seja sempre a sua melhor versão. Se puder mudar hoje o seu cenário, mude."

Ludymila Amorim

Mayara Pires

Sou Mayara Pires de Carvalho, natural de Vila Velha/ES, mãe do Hendrique Gabriel, da Maria Luiza e da Sophia. Filha de Nizete e neta de Noémia.

Sou uma mulher que nasceu na periferia, já passou por várias dificuldades e hoje se tornou empresária, formando mulheres de sucesso. Além disso, sou mentora de duas escolas internacionais, escritora, palestrante e *master* em extensão de cílios. Estou na área desde 2019 e já formei mais de cinco mil alunas em curso presencial.

Já fui vendedora do varejo, já fiz panfletagem, já atuei como gerente de loja e superei grandes desafios ao longo da minha jornada até me encontrar como *lash designer*. Iniciar na área do zero foi um desafio que me tornou quem eu sou hoje. Não existem barreiras para quem quer vencer.

lashsurreal

+55 (27) 99913-5369

lashsurreal@gmail.com

De Lash a empresária

23 COMO SE TORNAR UMA *LASH* DE SUCESSO DO ZERO

Por Mayara Pires

Logo no meu início, tive que me esforçar muito para chegar aonde eu queria. Quando entrei na área, não sabia de absolutamente nada, passei por muitas frustrações com cursos e aprendi a me levantar e a seguir em frente. Investir em algo que não sabemos se vai dar retorno é um desafio não somente financeiro, mas também um desafio que exige muita perseverança. Eu jamais pensei em desistir, isso nunca passou pela minha cabeça mesmo enfrentando desafios como não ter clientes todos os dias, não ter o meu próprio espaço e atender pessoas em domicílio. Pelo contrário, eu queria vencer, ser uma *lash* conhecida pelo meu trabalho. Por isso, coloquei aqui neste capítulo alguns passos que me fizeram ser uma *lash* de sucesso.

Como se tornar uma *lash* de sucesso do zero

Na carreira de *lash designer*, a habilidade de criar estilos personalizados que realçam a beleza natural dos olhos de cada cliente é essencial. Além disso, a atenção aos detalhes, a paciência e o comprometimento com a qualidade do trabalho são características fundamentais para se destacar no ramo da extensão de cílios. O *lash design* não se trata apenas de aplicar extensões, mas sim de transformar o olhar, aumentar a confiança e fazer com que cada cliente se sinta especial e bonita.

A criatividade e a capacidade de adaptar as técnicas de acordo com as preferências e características individuais de cada pessoa também são aspectos importantes a serem considerados na carreira de *lash designer*. A constante busca por aprimoramento, a educação continuada e o acompanhamento das tendências do mercado são cruciais para manter-se competitivo e fornecer o melhor serviço possível aos clientes. O *lash design* é uma forma de arte, em que cada conjunto de cílios é uma tela em branco pronta para ser transformada em uma obra-prima. A paixão pelo trabalho, a dedicação ao aperfeiçoamento das habilidades e o compromisso com a satisfação do cliente são pilares que sustentam uma carreira bem-sucedida como *lash designer*.

O fascínio pelo glamour e luxo guia a *lash designer* em sua jornada de refinamento e estilização. Cada trabalho é uma oportunidade de demonstrar atenção aos pormenores, habilidade e talento na arte de realçar a beleza natural dos olhos. A singularidade e o requinte são marcas registradas de um bom profissional, que se destaca pela sua capacidade de oferecer um serviço de alta qualidade com um toque de elegância e sofisticação.

Neste capítulo, vou explicar como começar do zero, vou mostrar que é possível ser uma *lash designer* de sucesso sem precisar de muitos investimentos e, principalmente, sem muito conhecimento na área, apenas com meu método simples e eficaz.

Iniciar uma carreira do zero como *lash designer* pode ser desafiador, mas, com determinação e foco, é totalmente possível alcançar o sucesso. Aqui estão algumas etapas que você pode seguir para começar:

1 – "Entregue o seu caminho ao Senhor; confie nele, e ele agirá." (Salmos 37:5)

2 – **Educação contínua:** manter-se atualizada com as últimas técnicas, tendências e produtos no mercado é essencial.

3 – **Pratique muito:** a prática é fundamental para aprimorar suas habilidades. Treine em bonecos, amigos e familiares para ganhar confiança e experiência.

4 – **Monte um portfólio:** fotografe seus trabalhos para criar um portfólio visual que mostre suas habilidades e estilos de trabalho.

5 – **Promova seu trabalho:** utilize as redes sociais para divulgar seu trabalho, interagir com possíveis clientes e mostrar seu talento.

6 – **Confiança supera desafios:** encontrar obstáculos e desafios é comum em qualquer profissão. Ter confiança em si mesma permitirá que você enfrente esses desafios com resiliência e determinação, em vez de se sentir desencorajada. Lembre-se de que o sucesso não acontece da noite para o dia, mas com persistência, dedicação e paixão pelo que faz, você pode construir uma carreira de sucesso como *lash designer*.

Mas não basta somente seguir todos esses pilares, você precisa colocar Deus na frente do seu negócio, somente Ele guiará você para o seu propósito. Tive que amadurecer em vários aspectos, pois a decisão de aonde eu queria chegar só dependia de mim. Quem sou eu? Aonde eu quero chegar? Agora eu sou a dona do meu próprio negócio. A responsabilidade seria minha e de mais ninguém, eu pensava a todo momento que não tinha como dar errado. Eu precisava me movimentar e agir.

Lembro como se fosse hoje, tive o incentivo de um grande amigo meu, @marco.beauty, que é um excelente profissional na área da beleza. Ele soprou a ideia de ser uma *lash* nos meus ouvidos, e logo na semana seguinte eu já estava me matriculando em um curso de *lash*. Sem esse primeiro incentivo, nada disso estaria acontecendo.

Eu não tinha experiência nenhuma na área da beleza. Só sabia vender, era uma ótima vendedora, mas nunca me imaginaria fazendo cílios. Fiz o meu primeiro curso grávida de 8 meses. Naquele momento, eu só pensava que a profissão era muito lucrativa e que teria tempo para cuidar da minha família.

Pedi ao meu namorado Wilhian que me levasse ao estado do Espírito Santo. Fomos de moto, correndo perigo, pois estava grávida. Na época, eu morava na cidade do meu namorado, em Minas Gerais. Saímos bem cedinho de casa e pegamos a estrada. Foram quatro horas para chegar ao local do curso. Passou-se um mês e eu já estava prestes a dar à luz. Com muita dificuldade financeira, eu e meu namorado nos mudamos para Vila Velha, onde nasci e fui criada, em um bairro simples e humilde no estado do Espírito Santo.

Comecei a atender em um quarto vago que tinha na minha casa, coloquei uma maca e uma cadeira. Ali, o meu sonho começou. Logo depois percebi que não poderia ficar somente naquele quarto, eu precisava criar experiências, precisava alimentar o meu lucro. Foi quando Deus colocou no meu coração para pesquisar locais que poderiam me contratar como *lash*, algum centro estético. Pesquisei e, no mesmo dia, Deus me mostrou um local. Naquela clínica, ganhei experiência, conquistei clientes, mas eu sempre quis crescer mais e mais na área. Resolvi então abrir um local para mim. Na época, minha mãe me emprestou o dinheiro do primeiro aluguel. Investi pesado em cursos e fui ganhando experiência cada dia que passava.

Eu precisei passar por um processo. Talvez o seu processo não seja tão árduo como o meu, pode ser que esteja mais fácil hoje, pois existem muitos métodos e produtos de fácil acesso. Lembro-me de que em 2019 não tínhamos tão fácil acesso a tantos conteúdos e chances de crescimento como temos hoje.

Quando Deus colocar um sonho em seu coração, não se preocupe em como aquilo se tornará realidade. Acredite, se Deus colocou algo no seu coração, Ele terá o total controle sobre aquilo. Não pense em como acontecerá, mas sim quando acontecerá; esteja pronta. Um dos pilares que me fizeram chegar ao sucesso foi a minha autoridade como profissional.

Manter autoridade na área de *lash design* é essencial para se destacar como uma profissional respeitada e confiável. Para alcançar e manter essa autoridade, é necessário um conjunto de habilidades e práticas que demonstram expertise e excelência no trabalho realizado. Ao seguir esses princípios e valores, é possível se tornar uma referência respeitada e admirada no mundo da extensão de cílios, conquistando reconhecimento e sucesso na sua carreira como *lash designer*.

Outro pilar importante é não se esquecer de valorizar o seu trabalho. Valorizar a área de *lash design* vai além de apenas realizar um serviço de extensão de cílios; envolve reconhecer o valor do trabalho e do conhecimento envolvidos nessa prática. Cobrar preços baixos pode desvalorizar não apenas o seu trabalho, mas também a profissão como um todo.

Ao estabelecer preços justos e condizentes com a sua experiência e com a qualidade do serviço prestado, você não só se valoriza como profissional, mas também eleva o padrão da indústria de *lash design*. Clientes que buscam os melhores resultados estão dispostas a pagar por um serviço de excelência, e ao cobrar um valor adequado, você transmite confiança, credibilidade e respeito pela sua carreira e pelo setor em que atua.

Chegamos ao tão aguardado fim desta jornada fascinante pelo universo das *lash designer*. Ao finalizar este livro, sinto meu coração transbordar de gratidão e emoção. Cada palavra escrita e cada detalhe compartilhado representam uma parte especial de mim que dediquei a esse projeto.

Ao refletir sobre a importância do *design* de cílios, percebo o quanto ele vai além da estética, alcançando a essência da autoconfiança e da beleza interior. Que esta obra seja não só um livro, mas também uma fonte de inspiração e empoderamento para todas que ousam sonhar e acreditar na magia dos cílios.

Agradeço do fundo do meu coração a todos que me acompanharam nessa jornada: aos leitores que se envolveram com a história, aos colaboradores que tornaram este livro possível e às fontes de inspiração que iluminaram o meu caminho criativo. Que cada página deste livro ecoe o amor, a dedicação e a paixão que transbordam do mundo das *lash designer*.

Que este livro possa ser um farol de luz e positividade, lembrando a todos que a verdadeira beleza reside na confiança em si mesmo e na capacidade de transformar o mundo ao nosso redor. Que a arte dos cílios seja celebrada não apenas pela sua estética, mas também pela sua capacidade de elevar almas e espalhar amor. E que, ao fechar este livro, cada leitora se sinta inspirada a abraçar a própria beleza, a confiar em seu potencial e a espalhar a luz que carrega dentro de si. Obrigada por fazer parte desta jornada única e extraordinária. Que a magia das *lash designer* continue a brilhar em cada um de vocês, assim como brilhou em cada página deste livro.

Espero que essas palavras transmitam o sentimento e a emoção que você deseja expressar ao encerrar o seu livro sobre *lash designer*.

"Prefiro trabalhar 16 horas por dia no meu próprio sonho a trabalhar 8 horas por dia no sonho de outra pessoa."

Mayara Pires

Mirela Bomfim

Meu nome é Mirela Bomfim, tenho 26 anos e sou residente de Bom Jesus do Itabapoana/RJ. Filha de Maria de Fátima Bomfim e Edson Borges, os grandes autores da minha vida.

Formada em Administração, Gestão de pessoas e Marketing. Palestrante internacional, jurada e mentora de imparáveis.

Aos 21 anos, comecei a empreender na área *beauty*. No início, era uma forma de conseguir renda até arrumar um emprego de carteira assinada. Porém, conhecer o mercado *beauty* me trouxe expectativas gigantescas. Hoje, quase cinco anos depois, conquistei três empresas: Mirela Bomfim Clinic, Mirela Bomfim Shop e Mirela Bomfim Academy. Por meio do que prego, transformo diariamente mulheres em imparáveis.

mirelabomfimm

mirelabomfim.clinic

mirelabomfim.shop

+55 (22) 98865-2553

mirelabomfim.com.br/shop.mirelabomfim

De *Lash*
a empresária

24 DE IMPROVÁVEL A IMPARÁVEL

Por Mirela Bomfim

Lembro-me de que, quando ainda tinha 9 anos, o empreendedorismo já estava em minhas veias. Sempre procurei alguma forma de ganhar dinheiro vendendo algo, como pulseiras de missanga que eu mesma confeccionava para vender na escola. Em seguida, comecei a revender produtos de revistas para a mãe de uma amiga, porém a minha demanda cresceu tanto que minha mãe abriu o cadastro no nome dela. Trabalhei como babá e, aos 14 anos, comecei a trabalhar em um salão de beleza como ajudante.

Sempre tive a alma de empreendedora, porém só desenvolvi isso anos depois. Nunca pensei que viraria uma empresária no mercado *beauty*, isso porque nunca tive muita habilidade nessa área. Por mais que dos 14 aos 18 anos eu tenha trabalhado em salão, essa área nunca me despertou como acontece hoje.

Lembro-me da Alexis, que era dona do salão e teve forte influência no que faço hoje, dizendo "Mirela, você precisa escovar a ponta do cabelo também, não deixe ela solta, vá até o fim", e eu achava aquilo um saco. Para fazer as minhas unhas e sobrancelhas era o mesmo terror, sempre contava com a ajuda das minhas amigas ou da minha irmã mais velha, porque ela sempre empreendeu nessa área, então ela me salvava. Como é irônico, hoje, escrever que virei empresária exatamente na área que nunca tive tanto afeto, mas que sempre esteve presente na minha vida.

Aos 18 anos, tentei estudar Direito. Cursei quatro períodos e entendi que estava no lugar errado. Meus pais sempre me ensinaram que estudo era algo extremamente importante. Eles nunca tiveram oportunidades de fazer o Ensino Médio, porque sempre tiveram de trabalhar, meu pai na roça e a minha mãe em casa de família. Depois de quatro períodos vendo meus pais abrirem mão de muitas coisas para pagar a minha faculdade, ter de tomar a decisão de mudar de curso me trouxe muitos questionamentos, mas eu sabia, no fundo, que estava fazendo o certo.

Saí do Direito, comecei uma nova faculdade e automaticamente assumi uma nova postura com o curso de Administração. Foi naquele momento que eu entendi que nasci para empreender. Mas empreender o quê? Somente mais tarde entendi o que daria certo.

Dos 18 aos 21 anos, trabalhei com CLT. Foi um período de muito aprendizado e muita certeza: certeza de que eu não queria viver os sonhos de outras pessoas, e aprendizado porque entendi quem eu queria ser e quem eu não gostaria de ser. Tive a certeza de que eu gostaria de fazer algo que pudesse transformar, inspirar e ensinar outras pessoas.

Saí da CLT um mês depois de ter saído da casa dos meus pais e alugado um apartamento para morar sozinha. Passei por dificuldades e precisei dar dois passos para trás naquele momento e voltar para casa dos meus pais. Perdi uma parte da liberdade que eu havia conquistado.

Como eu não conseguia emprego, por mais que o meu currículo fosse incrível para uma menina de 21 anos, usei o meu tempo livre para fazer alguns cabelos de amigas próximas para levantar uma renda e ir ao salão onde havia trabalhado para distrair a cabeça. Foi nesse momento que, vendo-me naquela situação, a Alexis, aquela que me mandava escovar o cabelo até as pontas, disse: "Por que você não faz um curso de cílios?". Mal sabíamos que aquela fala me traria para este livro.

Como eu não tinha mais nada a perder, fiz o curso e comecei a atender. Eu odiava cílios, odiava ficar em torno de 5 horas fazendo aquele procedimento. Lembro-me que antes mesmo de fazer o curso, já havia criado um Instagram e divulgava trabalhos da internet, na intenção de chamar clientes. E deu mais do que certo. Mesmo com uma técnica iniciante, fiz o curso em um sábado e na terça-feira já estava atendendo a minha primeira cliente. Além dessa cliente, que consegui através de divulgação, várias outras vieram por conta das redes sociais e entendi que não só a técnica era o suficiente, mas também o marketing feito da forma certa me levaria para outro nível.

Em 2020 veio a pandemia. Começar já é difícil, agora pensa como foi durante uma pandemia que todo o mundo estava dizendo para ficarmos em casa. Aproveitei esse tempo para estudar muito. Mesmo com a pandemia acontecendo, não podia parar, atendia de forma isolada e pouco a pouco as clientes foram voltando. Todo o dinheiro que entrava eu usava para investir cada vez mais em conhecimento. Usava as meninas que trabalhavam comigo no salão de modelo para poder fazer o marketing e a divulgação do meu trabalho. Como a pandemia trouxe muitas pessoas para as redes sociais, o meu *boom* estava perto.

Até que 2021 chegou, era um ano promissor. Resolvi ir no meu primeiro congresso e investir em cursos presenciais de aperfeiçoamento. Foi quando entendi o poder da área e, naquele momento, a transformação começou na minha vida.

No início de 2022, os meus procedimentos já eram incríveis e fui convidada a morar no Egito para fazer cílios, com absolutamente tudo pago pela empresa. A intenção dessa contratação era para que eu atendesse a demanda de clientes que eles tinham e não conseguiam mão de obra dentro do país! Morei cinco meses no Egito fazendo o que no início era um terror para mim. Vivi momentos incríveis, conheci pessoas maravilhosas que se tornaram grandes amigas, passei por decisões que me fizeram começar a Comunidade I. B. Mas também vivi momentos de sofrimento, por estar longe da minha família e do meu negócio. Lembro que toda vez que passava por dificuldades, sempre colocava a música "Tá chorando por quê?" para acalmar o meu coração.

Naquele momento, a Mirela Bomfim Clinic estava em crescimento; éramos três pessoas. Isso porque em 2021, quando tudo começou a dar muito certo, chamei a minha primeira aluna para fazer parte da clínica, que na época era uma salinha extremamente pequena dentro de um salão. Com a minha ida para o Egito, precisei chamar outra aluna, para ficar uma com sobrancelha e a outra com cílios.

A volta para o Brasil depois de toda a experiência vivida foi completamente diferente. Mudei e amadureci muito, e voltei com outra postura, uma postura de empresária, e não só *lash design*.

Em setembro de 2022, estávamos mudando para a sede da Mirela Bomfim Clinic e expandido o nosso negócio para o mercado nacional. Foi quando surgiu a Mirela Bomfim Academy, com cursos presenciais e mentorias por todo Brasil. Começamos a criar a Comunidade I. B., que hoje atende mulheres de outros países. E o que eu ensino? Exatamente tudo isso que você leu: como escalar o seu negócio em tão pouco tempo e lucrar alto, não de forma técnica, mas com marketing e divulgação de forma estratégica.

Além da Mirela Bomfim Clinic e da Mirela Bomfim Academy, surgiu, em julho de 2023, a Mirela Bomfim Shop, um projeto que iniciou em 2020 e não deu certo naquele ano. Junto à Mirela Bomfim Shop, iniciei uma sociedade com a minha irmã Raissa Bomfim, que hoje é o meu braço dentro de todas as empresas. Em quatro meses, os nossos produtos de marca própria atingiram pessoas de todos os estados do Brasil.

Mas por que estou contando tudo isso? Porque eu saí do completo zero, sem um centavo no bolso, sem ter nenhuma habilidade no que eu fazia, para hoje ser empresária e palestrar para milhares de mulheres em todo Brasil e, em setembro de 2024, para a Europa. Sim! A minha história chegou na Europa e eu embarco em setembro para falar de todos esses processos para outro país. Quantas conquistas em tão pouco tempo!

Eu, assim como você, achava que a área da beleza era só um *hobby*, mas hoje vivo 100% dela. Não só eu, como toda equipe que compõe a nossa empresa. Atualmente, são oito pessoas (incluindo parceiras e marketing) em nossa equipe. A nossa ideia é expandir mundialmente e continuar crescendo.

Durante o período de abdicações e renúncias, aprendi que você é capaz de conquistar qualquer lugar que almejar, que "ninguém vence aquele que nunca desiste" e que, quando você resolve se tornar uma mulher imparável, ninguém para você. Mudar o seu *mindset* e suas crenças é fundamental para que você alcance esses lugares. Mas como mudar meu *mindset* e minhas crenças? Tenho certeza de que na sua infância, principalmente quando se é de família humilde, conversas sobre dinheiro e prosperidade são extremamente limitadas. Isso porque, na grande maioria dos casos, nossos pais vêm de vida de CLT e não enxergam possibilidades além disso. E isso prejudica a sua criação, pois você vive na crença de que ser rico, ter dinheiro ou ser empresário é algo ruim.

A mudança de mentalidade é fundamental para a sua evolução profissional. Precisei inúmeras vezes me posicionar e mostrar o quanto a minha área era enriquecedora e o que eu fazia não era somente "colar pelinhos", e sim empreender nessa área, para que eles acreditassem em mim e no que eu estava construindo.

Você precisa ser a primeira pessoa a acreditar em você; por que, se você mesma não acredita, quem será capaz de acreditar? Assuma o papel de empresária sem precisar copiar ou fazer exatamente como outra pessoa faz, porque o seu poder e o seu diferencial é ser você. Durante o empreender, você irá se deparar com testes, que serão capazes de te colocar na dúvida entre continuar ou desistir. Escolha sempre continuar, foque a solução daquele problema e seja resolutivo. Não existe qualquer problema que não possa ser sanado. E, óbvio, invista em conhecimento, pois conhecimento é algo que ninguém é capaz de tirar de você. Quando você tem o conhecimento, você pode falhar dez vezes, mas ainda será capaz de se reerguer.

Por isso, a sua transformação depende de oito passos:

- Mude o seu *mindset*.
- Acredite em você.
- Pare de querer ser uma cópia de alguém.
- Foque a solução, e não o problema.
- Invista em conhecimento.
- Saiba que tudo que quiser conquistar é possível.
- Acredite: o marketing é mais importante do que a técnica.
- Coloque Deus à frente da sua vida.

Foi exatamente isso que fiz e é o que ensino para as imparáveis dentro da Comunidade I. B., que chegam a faturar trinta mil reais, escalando os seus negócios por meio dessa metodologia que apresentei. Use o conhecimento para te inspirar a continuar!

"Ninguém vence aquele que nunca desiste."

Mirela Bomfim

Nataly
Compact Quality

Nataly Amorim

Nascida e criada na zona Sul de São Paulo, sou Nataly Aureliano Amorim, casada e mãe do Hiago.

Sou *lash designer* e *lash* terapeuta. Não somente cuido do embelezamento do olhar, mas também me preocupo com a saúde dos fios naturais. Hoje, com meu próprio estúdio, atendo muitas mulheres, construindo autoestima e carreiras, com o curso Iniciando o Meu Projeto, em que ajudo mulheres a entrarem na área e conquistarem sua independência financeira.

Já fiz diversos cursos na área e continuo investindo em conhecimento, pois o mercado não para e sempre há o que melhorar. A vida do empreendedor é cheia de desafios, e eles sempre são superados com muita dedicação e conhecimento.

bynatalyamorim

+55 (11) 97572-1743

natalynatalyamorim@outlook.com

De Lash a empresária

25 O INÍCIO DE GRANDES SONHOS

Por Nataly Amorim

As vendas sempre estiveram presentes em minha vida. Ainda criança, fazia pulseiras para vender. Era uma brincadeira, mas eu conseguia vender para colegas de classe ou vizinhas.

Cresci com meus pais, meu irmão e minha irmã – sou a caçula –, em um lar estável e cheio de amor. Aos 16 anos, conquistei meu primeiro emprego de CLT como jovem aprendiz em uma construtora. Ali fiquei por dois anos. Depois me aventurei vendendo roupas, cuidando de lojas, salão, até que apareceu uma oportunidade de começar a trabalhar com tortas finas, doces e bolos. Foi quando começou a minha jornada empreendendo.

Com 20 anos conheci o meu marido. Seguia firme nas entregas dos doces, bolos e tortas, mas com pouca experiência, as coisas começaram a tomar outro rumo, então decidi entrar para o mercado de trabalho para que eu pudesse ter mais conhecimento em confeitaria. Decidi encarar uma faculdade EAD de Administração para conduzir melhor o trabalho. Consegui uma vaga em uma casa de bolos e trabalhei com bolos em grande escala. Aos 21 anos, engravidei. Após quatro meses de nascimento, senti a dor de deixar meu filho e voltar da licença-maternidade. Fui com o coração partido, mas era necessário.

Aos 8 meses do meu filho, começou a pandemia e aquele cenário caótico. Pedi direcionamento a Deus. Então, decidi pedir à empresa que me mandasse embora, pois o cenário me deu medo, tinha várias inseguranças. E assim foi, fiquei em casa preservando a saúde do meu filho e da minha família.

No último mês do meu seguro-desemprego, fiz uma proposta para uma prima, que era proprietária de um salão, e uma semana depois iniciei, trabalhando de sexta e sábado. Recebia R$ 250,00 por semana para cuidar do caixa, fazer alguns vídeos para divulgar o salão e lavar cabelos. Mas, com o tempo, comecei a cuidar dos agendamentos também, pois a demanda estava crescendo e se aproximava do final do ano.

Notei a procura de clientes por extensão de cílios, mas no salão não havia uma profissional. Foi ali que Deus começou a me preparar e eu nem sabia. Em minhas orações, eu pedia com detalhes o emprego que queria. Naquele começo simples, não enxergava que estava sendo o início da realização de grandes sonhos. As coisas são assim, às vezes esperamos grandes portas quando na verdade precisamos somente abraçar as oportunidades para começar a viver o grande.

Falei com minha prima (Camila, Studio KE) sobre recursarmos tantas clientes de extensão de cílios por não ter profissional, e ela me perguntou: "Você está na área, por que não faz o curso? Tem uma sala vaga aqui". E a partir daquele momento aquela pergunta ficou na minha mente. Eu tinha apenas R$ 5.000,00, que consegui juntar do meu antigo emprego e já não recebia mais seguro-desemprego, apenas R$ 250,00 por semana. Orei, falei com minha família e uma grande amiga, Josi Andrade, que é da área e ministra cursos. Ela me incentivou, então paguei R$ 1.500,00 no curso. Não tive medo, pois sabia que para ter bons resultados era necessário ter uma boa base. Eu não tinha escolha a não ser fazer dar certo, então com os R$ 3.500,00 que restaram comprei os materiais, a maca, uma decoração simples, garrafa térmica para fazer café e oferecê-lo nos atendimentos. Copos, xícaras e uma cadeira, caso houvesse espera de cliente, peguei da minha casa.

Todo o meu dinheiro guardado com muito esforço tinha acabado. Fiz uma promoção, apenas R$ 100,00 qualquer modelo. Tive o primeiro aprendizado: inicie em um ambiente em que exista rotatividade de mulheres. No salão, ofereciam o meu trabalho. Eu precisava fazer a minha parte, mas tinha uma equipe oferecendo o meu trabalho enquanto chegavam clientes para fazer cabelo e unhas. Sempre indico para quem está começando conseguir parcerias com salões, esmalterias, clínicas de estética, pois você terá acesso a mulheres que já estão fazendo algum procedimento e, estando atenta às oportunidades, você consegue conquistar essas clientes.

Fiz o curso em outubro de 2020, treinei bastante e, no meio do mês de novembro, comecei a atender. Os treinos me passaram segurança e a boa base que recebi do curso me ajudavam na comunicação com minhas clientes. Passava segurança para elas, mostrando que sabia o que estava fazendo, porém sabia que aquele trabalho não era bonito e estava longe de ser. Levava em torno de 4 horas para oferecer um trabalho sem acabamento, e a cliente reclamava da demora. Tive problemas de durabilidade – e eu prestei assistência em todos os casos, mesmo que tivesse que ficar até meia noite. Sempre fiz questão em deixá-las satisfeitas, mesmo não oferecendo um trabalho instagramável. Depois de meses comecei a ter resultados mais satisfatórios.

Ali já percebi o poder de influência sobre as vendas. Eu tinha mais facilidade com o fio a fio, então incentivava cada uma que me procurava a fazer o fio a fio clássico, e dizia que fio a fio feio tinha mais buracos que fios preenchidos. Eu conversava, dava atenção, oferecia o que estava dentro da minha realidade, e uma cliente indicou a irmã. Atendia de duas a três clientes por semana, continuava chamando pessoas para ser modelo das técnicas que eram mais difíceis, e as modelos se tornavam clientes e indicavam amigas, e assim fui montando a minha cartela de clientes e todo dinheiro que entrava eu usava exclusivamente para investir no meu negócio, em conhecimento, em maca confortável, máquina e cápsulas de café, xícaras novas. Eu precisava de roupas e calçados novos, mas o meu foco era o estúdio.

No cenário caótico da pandemia, com pessoas perdendo emprego e economia enfraquecida, em menos de um ano na área conquistei o meu carro. O carro para mim era uma necessidade. Com filho pequeno, eu e meu marido só tínhamos uma moto. Parcelei em 48 vezes, mas comprei. Continuei investindo na minha carreira e no estúdio. Quando confiamos em Deus, não importa o cenário, Ele é especialista em abrir portas onde não há paredes, Ele faz a parte dEle e nós fazemos a nossa. E Deus começou a elevar os meus olhos para algo maior. Notei a dor das minhas clientes, elas iam fazer a extensão de cílios, depois, as unhas e, no final do dia, as sobrancelhas, e muitas vezes cada procedimento era em um lugar diferente do outro. Foi então que pensei em ter uma manicure fazendo as unhas enquanto elas faziam os cílios e ter alguém para fazer as sobrancelhas assim que o procedimento de extensão finalizasse. Tudo no mesmo lugar e horário; que sonho!

Comecei a ter mais agilidade e satisfação nos atendimentos e a trabalhar com fios tecnológicos, e o que levava em torno de 4 horas passou a levar 1h30, 2 horas. Perceberam que tudo leva tempo? Digo com toda a certeza de que fazer cílios não é dom, é dedicação, e o tanto que você se dedica vai ser o resultado do tamanho do seu sucesso.

Contratei uma equipe de marketing e comecei a ter mais posicionamento e um Instagram mais profissional. Fiz um curso de *lash* terapia e comecei a entender a fundo sobre química, fios, pele e saúde ocular, um grande passo na minha carreira. No final de 2021, quando fui fazer um procedimento no consultório de uma amiga, que ficava em um prédio comercial, imaginei ter uma sala ali, mas pensava que conseguiria aquilo em cinco anos, pois era um sonho grande demais. Mais um aprendizado: precisamos frequentar lugares para que possamos sonhar. Você compra carne em uma doceria? Qual é o seu sonho? Frequente lugares que tem a ver com o seu sonho que, na hora certa, o Senhor fará acontecer. Em menos de um ano, em julho de 2022, ali eu estava com as chaves da sala na mão. Em setembro do mesmo ano, inaugurei o Studio Na Amorim, sala crua, reformei como queria, comprando tudo novo.

Enfrentei o medo, saí completamente da minha zona de conforto – minha antiga sala era próxima à minha casa, minhas clientes eram da região, os meus custos ali eram pouquíssimos – e grande foi o passo. Mas, se eu não desse esse passo, viveria o mesmo sempre, não proporcionaria otimização de tempo para as clientes, e no Studio Na Amorim ofereço otimização de tempo como sempre sonhei. Elas fazem a extensão, as unhas e as sobrancelhas no mesmo horário. Hoje temos clientes não só de extensão de cílios, mas também de unhas e *design* de sobrancelhas, e continuo observando o cenário para encontrar a dor de cada cliente, pois resolução de dor resulta em dinheiro na conta. As pessoas têm necessidades e vontades, o que você pode fazer dentro do seu negócio para transformar essa necessidade em solução?

Estou sempre em busca de parcerias e com novos sonhos para o estúdio, precisamos sempre nos atualizar, fazer diferente para nos destacarmos. Durante os atendimentos, as clientes recebem massagem nos pés, podem escolher a bebida, com direito a chocolate derretido e biscoitos variados para acompanhar. Buscamos a agilidade com qualidade, mostrando que o tempo de cada uma é valioso para nós.

Até agora investi em média R$ 20.000,00 em cursos, e repasso todo o conhecimento para as alunas do curso Iniciando o Meu Projeto. Com muita prática, faço extensão de cílios entre 40 minutos e 1 hora, mas não foi fácil, ainda não é; não dá para romantizar a vida de empresária, pois, quando finalizamos algum projeto ou parceria, precisamos ir em busca do novo de novo; é um ciclo que não acaba. Por muitas vezes, isso é esgotante, mas quando conseguimos é satisfatório. Exige uma mente preparada para entender que há meses bons outros nem tão bons assim, capacidade para lidar com o público exigente, pois ele chega com alguma expectativa. Quanto mais você conversa e busca entender o que a sua cliente quer, expectativas são superadas; o seu diferencial será um atendimento humanizado. Todos trabalhamos por dinheiro, isso é óbvio, mas quando você junta com propósito e amor ao próximo vidas são abençoadas através do seu trabalho.

"Buscamos a agilidade com qualidade mostrando que o tempo de cada uma é valioso para nós."

Nataly Amorim

paamlash_

pamelacarvalho1324@icloud.com

@PAAMLASH_

26 A BELEZA DA RESILIÊNCIA: DE OBSTÁCULOS A CONQUISTAS

Por Pâmela Carvalho

Era o ano de 2018, um período de grandes mudanças e desafios em minha vida. Tinha dado à luz minha segunda filha, Maria Alice, e me vi diante de uma reviravolta inesperada: fui mandada embora do meu emprego enquanto estava grávida. Em meio às incertezas e dificuldades financeiras, uma luz de esperança surgiu quando minha irmã, entendendo minha situação, decidiu me presentear com algo que mudaria o curso da minha vida.

Aquela oportunidade inesperada se revelou como um raio de esperança em meio às nuvens escuras da incerteza. Eu embarquei nessa jornada sem saber exatamente o que esperar, mas com o coração cheio de determinação e gratidão. O curso de cílios não era apenas uma chance de adquirir uma nova habilidade; era uma oportunidade de recomeçar, de me reinventar e de buscar um novo caminho profissional. Com o apoio e encorajamento da minha irmã, dei o primeiro passo rumo a um futuro cheio de possibilidades e realizações.

Enquanto dava os primeiros passos no mundo dos cílios, enfrentei diversos desafios que testaram minha determinação e resiliência. Atendendo uma cliente aqui e outra ali, percebi que precisava ampliar minha base de clientes para garantir uma renda estável. Foi então que minha irmã, mais uma vez, mostrou-se uma verdadeira aliada, conseguindo um emprego para mim em uma loja local.

Com essa oportunidade, pude expandir minha clientela e ganhar mais experiência no ramo da beleza. Trabalhando com cílios, aprendi a equilibrar as demandas do trabalho com as responsabilidades da maternidade, enfrentando cada dia com determinação e coragem. Cada obstáculo que eu superava me fortalecia, alimentando ainda mais minha paixão e determinação em alcançar meus objetivos. Mesmo nos momentos de dúvida e incerteza, nunca perdi de vista o sonho que me impulsionava: construir uma carreira de sucesso no mundo dos cílios.

Assim, com resiliência e perseverança, continuei avançando, confiante de que cada desafio era uma oportunidade de crescimento e aprendizado. O futuro estava repleto de possibilidades, e eu estava determinada a aproveitá-las ao máximo.

Minha jornada estava longe de ser fácil, e logo me vi diante de um dos maiores desafios da minha vida: a separação. De repente, eu me vi sozinha, com dois filhos para sustentar e uma lista de despesas que parecia não ter fim. Foi um período de desespero e incertezas, em que o futuro parecia mais sombrio do que nunca.

E então, como se não bastasse os problemas que eu já tinha, veio a pandemia. Um momento de crise global que afetou a todos, trazendo consigo uma avalanche de dificuldades e incertezas. Para aqueles que trabalhavam na área dos cílios, a situação se mostrava ainda mais desafiadora. No entanto, mesmo diante das adversidades, encontrei uma faísca de esperança.

Com a pandemia, surgiu uma nova oportunidade: os cursos on-line. Sempre ávida por aprender e crescer profissionalmente, vi nessa nova modalidade de ensino uma chance de aprimorar e expandir meus conhecimentos. Apesar das dificuldades financeiras e das incertezas do momento, decidi investir em mim mesma e embarcar nessa jornada de aprendizado e autodesenvolvimento.

Enquanto o mundo ao meu redor parecia desmoronar, eu me agarrei à esperança e à determinação de seguir em frente. Aprendi que a resiliência é a chave para superar os momentos mais difíceis da vida e que, mesmo nas piores adversidades, sempre há uma oportunidade de crescimento e renovação.

Em 2021, dei mais um grande passo em direção ao desconhecido ao me mudar para Itapoá, em Santa Catarina. Ao chegar a essa cidade litorânea, fui recebida por um cenário completamente diferente do que estava acostumada. O ar fresco do mar e as paisagens deslumbrantes me deram um novo fôlego, e eu sabia que estava pronta para começar uma nova fase da minha vida.

Decidi me dedicar inteiramente à área dos cílios, e estava determinada a fazer de Itapoá o palco para os meus sonhos se tornarem realidade. Durante o dia, mergulhava de cabeça no mundo da extensão de cílios e da beleza, enquanto à noite trabalhava em uma lanchonete local. Essa dualidade de trabalhar em uma lanchonete à noite e se dedicar à minha paixão durante o dia foi um reflexo da minha determinação em buscar o melhor para mim e para os meus filhos. Mesmo diante das dificuldades e dos desafios, nunca perdi de vista o meu objetivo de construir uma carreira sólida e bem-sucedida no mundo da estética dos cílios.

Em uma cidade pequena como Itapoá, conquistar clientes não era tarefa fácil, especialmente para alguém que acabara de chegar. Enquanto esperava ansiosamente pela temporada, que prometia trazer um aumento nas oportunidades de trabalho, deparei-me com uma realidade decepcionante: a demanda não correspondia às minhas expectativas.

A pandemia, que ainda lançava sua sombra sobre todos nós, tornou ainda mais difícil encontrar uma base de clientes sólida. Eu me vi mais uma vez diante do cenário desesperador que tanto temia. Apesar dos meus esforços incansáveis e da minha determinação em construir uma carreira de sucesso, parecia que as portas continuavam se fechando para mim.

Nesse momento de desilusão e desespero, tomei uma difícil decisão: desisti do meu sonho e decidi guardar minhas coisas. Parecia que meus sonhos estavam se despedaçando diante dos meus olhos e eu me vi mais uma vez questionando se valia a pena continuar lutando.

Justo quando eu pensava que tudo estava perdido, uma amiga próxima sugeriu que eu postasse meu trabalho no Market Play, um mercado on-line em que a procura por serviços de cílios estava em alta. A princípio, relutei em seguir esse caminho, mas, diante da falta de opções, decidi dar uma chance.

Assim que comecei a divulgar meu trabalho no Market Play, algo incrível aconteceu: as clientes começaram a aparecer. Uma após a outra, pessoas interessadas em meus serviços começaram a entrar em contato, encantadas com os resultados e a qualidade do meu trabalho. E muitas dessas clientes permanecem comigo até hoje. A partir desse momento, minha história começou a brilhar novamente. Com cada cliente satisfeita, minha confiança cresceu e meu trabalho ganhou reconhecimento.

Essa experiência me ensinou uma lição valiosa: mesmo nos momentos mais sombrios, nunca devemos perder a fé. Às vezes, basta um pequeno raio de esperança para iluminar o caminho e nos mostrar que, mesmo diante das adversidades, o sucesso ainda é possível. Com o sucesso gradual do meu trabalho e o aumento da demanda por meus serviços, percebi que havia algo além de simplesmente atender às necessidades dos meus clientes. Apesar de ter uma base sólida de clientes, sentia que faltava algo, uma dimensão a mais que poderia elevar ainda mais a qualidade do meu trabalho.

Foi então que decidi embarcar em uma jornada de aperfeiçoamento e busca por conhecimento. Ao longo dos anos de 2021 e 2022, dediquei-me intensamente a aprimorar minhas técnicas e habilidades. Investi em uma busca das últimas tendências e inovações no mundo da estética dos cílios. Essa busca pelo aperfeiçoamento não era apenas sobre melhorar minhas habilidades técnicas; era também sobre oferecer uma experiência excepcional às minhas clientes. Eu sabia que, ao me comprometer com a excelência e a qualidade, poderia não apenas satisfazer, mas também encantar e fidelizar minhas clientes, construindo assim uma reputação de confiança e credibilidade no mercado.

Apesar de ter dominado as técnicas e conquistado uma base sólida de clientes, percebi que ainda faltava algo. Parecia estagnada. Novamente me vi frustrada com o meu trabalho. Nesse momento, tomei a decisão que mudaria a perspectiva da minha vida: investi em mim mesma e procurei me aprofundar na área do empreendedorismo.

Foi aí que, em 2022, eu me inscrevi em um curso de Administração, determinada a compreender melhor a saúde do meu negócio, o que foi um grande precursor para transformar meus sonhos em realidade. A jornada de estudos foi desafiadora, mas repleta de aprendizado e descobertas. Por meio dos conceitos e ferramentas do empreendedorismo, comecei a entender os aspectos fundamentais do meu negócio, desde a gestão financeira até o marketing e o atendimento ao cliente. Aos poucos, fui desvendando os segredos do mundo dos negócios e adquirindo as habilidades necessárias para fazer meu empreendimento prosperar.

Uma das lições mais valiosas que aprendi nessa jornada foi a importância de não apenas entender a saúde do meu negócio, mas também de compreender meu próprio valor como empreendedora. Aprendi a não me comparar com os concorrentes e a valorizar o que eu tinha a oferecer, independentemente do preço que os outros cobravam. Aprendi a calcular meus custos de forma eficiente e a tomar decisões financeiras que impulsionassem o crescimento e a sustentabilidade do meu negócio. Essa jornada de autoconhecimento e capacitação empreendedora foi fundamental para transformar minha visão e minha abordagem como empresária.

Hoje, olho para trás e vejo o quanto percorri desde os dias de incerteza e desespero até o momento presente. O que começou como um sonho modesto na área da estética dos cílios se transformou em uma jornada de autoconhecimento, aprendizado e conquista. Hoje, o sustento da minha casa vem do meu trabalho como empreendedora no mundo dos cílios.

Meu estúdio de cílios não é apenas um lugar onde faço negócios; é o resultado de anos de dedicação, sacrifício e determinação. Cada cliente que entra pela porta é mais do que apenas um rosto; é uma história, uma conexão, uma oportunidade de fazer a diferença na vida de alguém. E é essa responsabilidade que me impulsiona a continuar buscando sempre o melhor, a nunca desistir, a nunca parar de aprender.

Hoje, me vejo como uma autoridade no mundo dos cílios, uma fonte de inspiração para outras mulheres que, como eu, ousam sonhar grande e lutar por seus objetivos. Se minha jornada pode servir de exemplo para alguém, se minhas palavras podem inspirar alguém a perseguir seus próprios sonhos, então tudo terá valido a pena.

"Ultrapassando limites e materializando sonhos, minha trajetória simplifica como a determinação pode revolucionar vidas."

Pâmela Carvalho

Rafaela Guarim

Meu nome é Rafaela Guarim, nasci em São Luís/MA e minha jornada é uma prova viva de que não importa de onde você vem, mas para onde você está indo. Sou mãe de um menino adorável, meu Ryan, e casada com Roberto Gonçalves, meu porto seguro.

Contabilista por formação, *lash* e educadora *master* por paixão! Imigrei para Portugal em busca de uma vida melhor. Em meio a pandemia, trabalhei em uma fábrica, insatisfeita, até descobrir o mundo dos cílios em 2021. Fiz vários cursos, dediquei-me e treinei muito. Vi então uma luz no fim do túnel para mudar minha vida. Com muito esforço e determinação hoje tenho meu estúdio e descobri o meu propósito: transformar vidas.

Descubra como superei obstáculos e alcancei o sucesso neste capítulo. Compartilho minha jornada e paixão no Instagram.

rafaelaguarim.lash

27 DE IMIGRANTE A *LASH MASTER* DE SUCESSO EM PORTUGAL

Por Rafaela Guarim

Minha jornada foi uma verdadeira montanha-russa de desafios e esperanças. Desde São Luís, no calor intenso do Maranhão, até as brisas suaves de Aveiro, em Portugal.

Em 2018, após anos de dedicação e estudo, eu me formei em Contabilidade. No ano seguinte, movida pelo desejo de oferecer uma vida melhor para minha família, decidi me mudar para Aveiro, em Portugal. Eu estava em busca de novas oportunidades e de uma qualidade de vida melhor para meu filho, Jailson Ryan.

Quando desembarquei em solo português, meu coração batia acelerado. A emoção de começar uma nova vida misturava-se com o medo do desconhecido. Aveiro, com suas belas paisagens, era uma cidade completamente nova para mim. A decisão de deixar minha terra natal não foi fácil. Deixar para trás minha família, meus amigos e tudo que eu conhecia era doloroso, mas a determinação de proporcionar uma vida mais segura e próspera para meu filho era mais forte. Ao caminhar pelas ruas de Aveiro, tudo me parecia promissor e desafiador. Cada esquina trazia uma mistura de beleza e incerteza. Cada passo que eu dava me lembrava o porquê de estar aqui, longe de casa, e a esperança de um futuro melhor me impulsionava.

A transição não foi simples. A nostalgia de São Luís e o calor humano do Maranhão contrastavam com a nova realidade que eu encontrava em Portugal. A saudade da minha terra se misturava com a ansiedade de fazer dar certo. Estava determinada a vencer, a transformar essa nova cidade em um lar, onde meu filho pudesse crescer com segurança e felicidade.

Assim começou minha jornada em Aveiro, marcada por uma mistura de excitação, medo e uma determinação inabalável. Sabia que os desafios seriam grandes, mas estava pronta para enfrentá-los, pois a promessa de um futuro melhor para meu filho era o que me movia a cada dia. Porém a validação do meu diploma de Contabilidade se mostrou um desafio, um verdadeiro pesadelo burocrático e financeiro. O custo era exorbitante, um fardo pesado sobre nossos ombros enquanto tentávamos nos estabelecer em uma nova terra. Cada euro gasto na validação do diploma parecia um sacrifício, um investimento que esperávamos que trouxesse um futuro melhor. Finalmente, após muita luta e economias apertadas, consegui pagar a taxa de validação. Contudo, a burocracia prolongou a espera, como uma montanha que se recusava a ser escalada.

Em 2020, o tão aguardado resultado finalmente chegou. No entanto, a alegria foi rapidamente ofuscada pela escuridão da pandemia de covid-19. De repente, o mundo parou. Portas se fecharam, sonhos foram adiados. Todos os escritórios fecharam e as empresas entraram em *lay-off*. As oportunidades de emprego evaporaram, deixando-me presa em um limbo de incerteza. Lembro-me da frustração crescente à medida que os dias se transformavam em meses intermináveis. Cada nova notícia sobre restrições e lockdowns apertava meu coração um pouco mais. O sonho de trabalhar na minha área de formação parecia cada vez mais distante, um oásis que se afastava a cada passo que eu dava. O medo de não conseguir sustentar minha família em um país estrangeiro era esmagador, uma sombra constante que pairava sobre mim.

Aquela época foi um verdadeiro teste de resiliência. Olhava para o diploma que tanto me custou, agora sem utilidade, e questionava minhas escolhas. No entanto, dentro de mim, algo se recusava a desistir. Sabia que, de alguma forma, encontraria uma maneira de superar aqueles desafios. Era uma promessa que fazia a mim mesma e ao meu filho. Eu lutaria até o fim para construir uma vida melhor, independentemente dos obstáculos que viessem pela frente.

Sem muitas opções e com as portas do meu sonho de trabalhar com contabilidade fechadas, aceitei uma oferta de trabalho em uma fábrica. Era um emprego de necessidade, não de escolha. Cada noite que eu passava trabalhando, sentia a frustração crescendo dentro de mim. O barulho das máquinas, a frieza do ambiente e a monotonia da rotina noturna eram como grilhões que me prendiam a uma realidade distante do que eu havia sonhado. A cada turno, a insatisfação aumentava, corroendo meu espírito e roubando minhas esperanças.

Trabalhar na fábrica era exaustivo, e os horários noturnos e de fim de semana me afastavam ainda mais da minha família. Roberto, meu marido, e Jailson Ryan, meu filho, sentiam minha ausência, e eu sentia a deles. Perdia momentos preciosos com meu filho, momentos que nunca mais poderia recuperar. Isso me atormentava, pois a razão de nossa mudança para Portugal era justamente proporcionar a ele uma vida melhor.

Em meio a essa rotina opressiva, a ideia de entrar no mundo dos cílios começou a germinar em minha mente. Parecia uma luz no fim de um túnel escuro e interminável. Contudo, meu entusiasmo inicial foi rapidamente abatido por palavras desanimadoras. Uma portuguesa, ao ouvir minha ideia, disse: "Isso não vai dar certo, pois se fosse para comer, as portuguesas até pagavam, mas para pôr pestanas, ninguém ia pagar para isso." Suas palavras eram como um balde de água fria, apagando temporariamente a chama de esperança que havia acendido em meu coração.

No entanto, ao invés de sucumbir ao desânimo, decidi que aquela não seria minha realidade final. Recusei-me a deixar que a opinião de uma pessoa definisse meu futuro. Sabia que em todos os lugares do mundo existem mulheres que gostam de se cuidar, de se sentir bonitas e empoderadas. Decidi que iria atrás dessas mulheres, aquelas que valorizavam a beleza e a autoestima. Decidi não me deixar abater por opiniões negativas. Acreditei firmemente que, em qualquer lugar do mundo, existem mulheres que gostam de se cuidar e se sentir empoderadas. Com essa convicção, comecei a investir em minha formação. A pandemia trouxe uma onda de cursos on-line e, em 2021, mergulhei de cabeça no mundo dos cílios. Cada noite na fábrica se tornou uma motivação para investir em algo que realmente me apaixonava. Comecei a me preparar para uma nova carreira.

Minha jornada foi marcada por muito sacrifício e trabalho duro. Trabalhava na fábrica à noite e treinava durante o dia. Estudava incessantemente, aproveitando cada momento livre para aprender e aprimorar minhas habilidades. Fiz diversos cursos e especializações e investi tudo o que podia para me tornar uma referência em Aveiro.

Minhas primeiras tentativas foram difíceis, muitas vezes sacrifiquei momentos preciosos com minha família. Lembro-me das longas horas treinando, cada erro era uma lição, e cada acerto, uma pequena vitória. Postava regularmente nas redes sociais, mostrando meu progresso, meus treinos, estudos, e meu marido sempre me apoiando, serviu de modelo para que eu pudesse praticar. Fiz diversas colegas da fábrica de modelo, postando tudo no Instagram, onde, lentamente, as pessoas começaram a me notar.

Finalmente, tomei a decisão mais ousada da minha vida: pedi demissão da fábrica. Voltei ao Brasil para fazer cursos presenciais, absorvendo o máximo de conhecimento possível. Quando retornei a Portugal, estava pronta para mergulhar de cabeça no meu propósito: transformar vidas por meio do embelezamento do olhar.

Minha determinação e o apoio do meu marido me levaram a resultados extraordinários. Meu marido montou um cantinho na sala de casa para que eu pudesse prosperar nesta tão bela profissão. Deixei para trás as palavras desmotivadoras e a rotina desgastante da fábrica. Lembro-me das noites exaustivas, tentando equilibrar o trabalho noturno com os treinamentos diurnos. O cansaço era constante, mas minha vontade de vencer era ainda maior. Cada curso que eu fazia, cada técnica que aprendia, aproximava-me mais do meu sonho.

Comecei a fazer aplicações de cílios em amigas e familiares, usando todo o tempo livre que tinha para praticar e aperfeiçoar minhas habilidades. Lembro-me das primeiras clientes pagantes, a mistura de nervosismo e excitação ao atender cada uma delas. Cada *feedback* positivo era um combustível que me impulsionava a seguir em frente. A cada dia era reconhecida por ter uma boa retenção, sempre prezando pela saúde ocular, preservando o fio natural de cada cliente.

Aos poucos, minha paixão e dedicação começaram a dar frutos. Minha presença nas redes sociais foi crescendo, e as clientes surgindo cada vez mais. Uma cliente satisfeita indicava meu trabalho para outra, e assim minha clientela aumentava. O "boca a boca" se espalhava e eu sabia que estava no caminho certo. Enfim me chamaram para fazer um estágio num escritório de contabilidade, mas eu já estava apaixonada por minha nova profissão.

Fiz mais de vinte formações, para entregar sempre o melhor a cada dia e oferecer um atendimento de excelência para cada cliente. A transformação na minha vida foi incrível. Em 2022, abri meu próprio estúdio, um espaço dedicado a realçar a beleza das mulheres. Minhas extensões de cílios eram conhecidas pela durabilidade e pelo cuidado com a saúde ocular, e logo me tornei uma referência em Aveiro. Aos poucos consegui realizar sonhos com minha família, como conhecer a Disney e outros países.

Recebi o prêmio Lash Pinça de Ouro, um marco na minha carreira, que me encheu de orgulho e motivação para seguir em frente. Minha trajetória também me levou a compartilhar meu conhecimento com outras mulheres. Decidi me tornar Educadora *Master* Internacional pela Academia Clássica de Cílios. Participei do meu primeiro campeonato de cílios e conquistei o pódio com 1º lugar e o 3º lugar. Minha história me levou a palcos em Paris, Genebra, Portugal e, recentemente, no Brasil, onde compartilhei minha jornada e inspirei outras mulheres a acreditarem em si mesmas.

Minha história é mais do que uma jornada de superação; é um convite para você acreditar no poder dos seus sonhos. É um chamado para enfrentar os desafios de frente, mesmo quando tudo parece estar contra você. Se eu pude transformar os obstáculos em oportunidades, você também pode. Portanto, não desista dos seus sonhos, persista e nunca subestime o poder da sua determinação. O sucesso é a soma de pequenos esforços repetidos dia após dia.

"Seja qual for o seu objetivo, saiba que é possível alcançá-lo. Seja corajosa, persista e nunca subestime o poder da sua determinação."

Rafaela Guarim

Renata Magalhães

Meu nome é Renata Magalhães, tenho 28 anos, sou mineirinha, virginiana, muito sonhadora, determinada e perfeccionista. Sou *master* em extensão de cílios, palestrante, educadora, jurada e mentora. Atuo na área há cinco anos. Hoje, tenho meu estúdio que é referência na minha cidade, com uma equipe de atendimento, loja de produtos para *lashes* e uma academia para cursos e *workshops* presenciais. Além disso, também realizo mentorias on-line para alunas do Brasil e de outros países. Espero que minha história de superação te inspire a trilhar seu caminho e superar todas as dificuldades.

renatamagalhaesacademy

studiorenatamagalhaes

renatamagalhaesloja

De Lash a empresária

28 DOS TUTORIAIS AO SUCESSO: MINHA JORNADA *LASH*

Por Renata Magalhães

Na minha adolescência, um dos meus *hobbies* prediletos era assistir a tutoriais no YouTube. Acompanhava cada passo dos vídeos, tentando absorver todas as técnicas e truques que as blogueiras compartilhavam. Eu ficava encantada com os resultados, e a maneira com que elas se transformavam, e foi assim que surgiu o meu amor pela maquiagem. No entanto, naqueles dias, eu não tinha a condição financeira para investir em produtos ou cursos profissionais. Mas a minha paixão pela make era tão intensa que eu usava qualquer oportunidade para aprender, assistindo a vídeos e tentando reproduzir com o que eu tinha disponível em casa.

O primeiro emprego e a transição para a área da beleza

Meu primeiro emprego foi como atendente de telemarketing. Já o verdadeiro divisor de águas na minha jornada foi o emprego no Banco do Brasil, onde trabalhei no setor de conferência de cheques e dinheiro. Embora o salário não fosse significativo, ele era um pouco mais alto do que o do telemarketing.

Decidir deixar o emprego como CLT para seguir a carreira de maquiadora foi um passo audacioso e cheio de inseguranças. A estabilidade do emprego no banco era reconfortante, mas a paixão pela maquiagem e o desejo de seguir um sonho maior me deram a coragem de tomar essa decisão, e foi através do acerto ao deixar o banco que consegui juntar o dinheiro necessário para investir no curso de maquiagem.

O início da carreira como maquiadora

Comecei a investir cada minuto livre na prática da maquiagem. Durante o curso, aprendi técnicas, truques e segredos da profissão. Depois do curso, eu praticava com modelos, postava fotos nas redes sociais e assim fui criando uma base de clientes. Eu atendia em domicílio, ainda não tinha meu espaço, mas meu noivo sempre me ajudava a transportar todo o material e a chegar até as clientes. Cada cliente satisfeita era uma confirmação de que eu estava no caminho certo. A demanda foi aumentando, e com os atendimentos eu comprei uma penteadeira, separei um cômodo da minha casa, passei gesso nas paredes e no teto, e ali nasceu o meu primeiro espaço físico.

A transição para a extensão de cílios

Aos finais de semana, eu atendia muitas clientes; já durante a semana, com poucos eventos, a minha agenda ficava livre. Então em 2019 decidi investir em um curso de extensão de cílios e trabalhar com os dois serviços. Comprei meus materiais pela internet e, assim que chegaram, fui treinar na minha primeira modelo após o curso. Fiquei mais de 5 horas tentando acoplar os fios, e quando olhei para o resultado só havia conseguido colar quatro fios – lembrando que temos de 150 a 200 fios em cada olho. Eu estava sem uma maca adequada e improvisava com uma cadeira de maquiagem reclinada, o que tornou o processo ainda mais difícil. A sensação de falhar e a frustração eram imensas, mas a minha determinação em não desistir era ainda maior. Eu sabia que o investimento em cursos e materiais precisava ser justificado com muito esforço e dedicação. Então, pedi à modelo para voltar no dia seguinte, porque desistir não era uma opção. No segundo dia, consegui acoplar mais fios e entregar um trabalho pelo menos aceitável.

A superação dos desafios e a evolução na área de cílios

A perseverança fez com que eu superasse esses desafios iniciais. Continuei treinando, aperfeiçoei minhas técnicas e gradualmente comecei a atender clientes com mais confiança. Cada cliente satisfeita fez toda a diferença, pois todas indicavam meu trabalho, e assim comecei a ter reconhecimento; cada novo trabalho era uma validação de que eu estava no caminho certo.

Com mais clientes, vieram também a procura por técnicas diferentes. Foi quando decidi fazer o segundo curso de extensão de cílios, que era focado na técnica de volume russo – um processo de montagem de FAN (leque de fios sintéticos). A minha professora tentou de várias formas me ensinar como ela fazia e eu não conseguia executar. Fiquei muito frustrada e quem fez 90% dos cílios da minha modelo foi a professora. Mas no pós-curso eu não iria desistir; assim como foi da primeira vez, eu ia fazer dar certo.

Fui treinando, tentando entender no que melhorar, até que com muita prática no volume russo o resultado começou a acontecer. Porém, como boa virginiana que sou e o perfeccionismo é algo que sempre me acompanha, eu decidi buscar ainda mais conhecimento para evoluir com técnicas avançadas. Aqui na empresa, me chamam de louca dos cursos... E não é à toa, pois eu acredito muito que para ser uma boa profissional, que entrega resultados acima da média, você precisa estar constantemente estudando, treinando e aprimorando seus conhecimentos.

Meu terceiro curso foi avançado em volume russo e mega volume. Foram três dias de muito aprendizado, tive resultados incríveis e foi a primeira vez que me senti bem-preparada para fazer a prática na minha modelo. Depois tudo foi acontecendo muito rápido; eu comecei a ter resultados ainda melhores e fui me destacando como pioneira na minha cidade, Santa Luzia/MG.

O poder de ensinar

Com minha evolução, e o crescimento das extensões de cílios, a procura de pessoas interessadas em aprender comigo chegou. Então me preparei e comecei a ministrar cursos, assim formando novas profissionais para o mercado dos cílios.

Em seguida, me inscrevi em um projeto para me tornar *master* em extensão de cílios, com o objetivo de me transformar em uma profissional mais completa e preparada para ministrar cursos. Após concluir o projeto, o sucesso foi imenso: cada aluna que passou pelo meu espaço recebeu o conhecimento que adquiri ao longo dos anos, e eu acompanhei cada uma se desenvolvendo e realizando seus próprios sonhos, o que foi extremamente gratificante. Ministrar cursos é uma paixão que eu não imaginava ter. Quando vejo o sucesso das minhas alunas, sinto que meu trabalho ganha um novo significado. O ensino me permite ajudar outras mulheres a alcançarem seus objetivos, e isso me motiva a continuar investindo em mim mesma e no meu papel como mentora.

Crescimento e expansão do negócio

O crescimento da minha carreira exigiu novos colaboradores no meu espaço. O primeiro foi o meu noivo, ele aceitou deixar o emprego fixo dele para apoiar meu sonho. E foi a melhor decisão, pois primeiro ele me ajudou com os atendimentos pelo WhatsApp, e em seguida montamos uma loja de produtos física e virtual, com entregas para todo Brasil, sendo líder de vendas em *marketplaces*. Isso levou a empresa a um grande crescimento.

Depois formamos uma equipe de *lashes*, já que a minha agenda estava cheia e a procura por atendimentos continuava constantemente, isso exigiu uma ampliação do meu espaço de trabalho.

Comecei com um pequeno espaço na casa da minha mãe. Em seguida, já ministrando cursos e com uma equipe de atendimentos, fizemos uma reforma grande na casa dela, onde fiquei com o cômodo maior para conseguir atender alunas e clientes. Com o aumento da demanda e a necessidade de um ambiente mais adequado, decidimos alugar um espaço maior e no centro comercial da cidade. A reforma do novo local foi um projeto desafiador, passando por aqui pessoas incríveis que me ajudaram muito a alcançar um projeto incrível. A transformação do espaço em um ambiente profissional e acolhedor refletiu o crescimento da minha carreira e a realização dos meus sonhos.

Hoje, no novo espaço, temos uma estrutura muito melhor. Contamos com uma loja de produtos, uma sala dedicada aos cursos, outra para atendimentos, e uma recepção ampla e confortável. A equipe cresceu, hoje somos um total de onze colaboradores; todos são incríveis, se esforçam e se dedicam ao máximo para alcançar nossos objetivos e resultados. Nossa oferta de serviços agora é mais ampla e diversificada. A expansão para o novo espaço e a construção de uma equipe de profissionais qualificada foram etapas cruciais para o sucesso contínuo do meu negócio.

Conquistas e reconhecimento

Participar de campeonatos de extensão de cílios foi uma das etapas mais emocionantes da minha carreira. Cada competição foi uma oportunidade de testar minhas habilidades e de me destacar como profissional. Ganhei dez campeonatos, incluindo o *Gran Master* de 2023, no qual conquistei três categorias diferentes. Esses reconhecimentos foram momentos de grande orgulho e validação do meu trabalho árduo e da minha dedicação.

O sucesso nas competições abriu portas para novas oportunidades, como a chance de palestrar em congressos e eventos de beleza. Minha primeira experiência como palestrante foi desafiadora e cheia de inseguranças, mas eu sabia que era um passo importante para meu crescimento profissional. Com o tempo, eu ganhei mais confiança e aprimorei minha habilidade; hoje viajo pelo Brasil compartilhando meu conhecimento com outras mulheres incríveis.

Reflexões e inspiração

Minha jornada no mundo da beleza é uma história de paixão, determinação e superação. Cada desafio enfrentado e cada conquista alcançada me ensinaram valiosas lições sobre o valor da perseverança e da dedicação. A maquiagem foi o ponto de partida, mas foi a extensão de cílios que realmente transformou minha carreira.

A mensagem que eu gostaria de compartilhar com você é que, independentemente dos desafios e das dificuldades, a paixão pelo que você faz pode levá-la a grandes realizações. Se você tem um sonho, siga-o com coragem e determinação. O caminho pode ser cheio de obstáculos, mas com esforço e dedicação você pode transformar suas paixões em realizações concretas.

Se você está em busca de inspiração ou deseja iniciar sua própria jornada na área da beleza, eu te convido a me acompanhar nas redes sociais e a participar dos meus cursos presenciais ou on-line. Juntas, podemos explorar o mundo da beleza e trabalhar para realizar nossos sonhos. Acredite em você mesma e esteja disposta a investir em seu futuro. A jornada pode ser desafiadora, mas com amor e dedicação o sucesso virá.

Espero que minha história te inspire e te motive a seguir em frente com seus próprios sonhos e objetivos.

Lembre-se: desistir não é uma opção!

Um enorme beijo da Rê!

Desistir não é uma opção!

Renata Magalhães

Say Murakami

Meu nome é Sayuri, mais conhecida como Say Murakami, e nasci em Santa Maria, interior do Rio Grande do Sul. Sou mãe de uma adolescente de 14 anos, que é meu amor e minha parceira de vida.

Graduada em marketing, entrei na área da beleza em 2018 e me apaixonei pela técnica de *lash lifting*. Sou *lash* e trabalho exclusivamente com essa técnica ainda desconhecida por muitas profissionais do mercado. Sou mentora de centenas de alunas pelo mundo, por meio dos meus cursos on-line, consultorias e cursos presenciais.

Tenho a missão de ajudar a crescer ainda mais a técnica de *lash lifting*, contando como ela transformou a minha vida.

saymurakami

saymurakami

saymurakami

www.saymurakami.com.br

De *Lash* a **empresária**

29 O SUCESSO PODE ESTAR NA SUA CHANCE DE RECOMEÇAR

Por Say Murakami

Fui uma criança e adolescente muito vaidosa, que adorava todas as tendências de beleza. Mas se você me perguntar se eu já imaginava algum dia trabalhar na área da beleza, preciso responder que não, jamais! Sempre fui muito comunicativa e desinibida, por isso minha primeira opção era fazer uma faculdade mais tradicional, como Direito, e advogar em causas sociais. Se parar para pensar, um ponto em comum é que também é sobre cuidar do outro, não é?

Muitas pessoas veem a área da beleza como um universo fútil e pensam que gastar com cílios é um absurdo. Talvez até eu pensasse assim antes, mas na verdade nossa profissão tem mais a ver com acolhimento e autocuidado do que com futilidade.

Aos 18 anos, após terminar o Ensino Médio, tive que recalcular a rota quando engravidei da minha filha. Depois disso, faculdade passou a não ser mais uma opção. Por mais que eu tivesse uma rede de apoio, o fato de eu ser mãe solo e morar sozinha com minha filha exigiu que eu trabalhasse imediatamente. E foi assim que fui trabalhar com vendas.

Eu me dei muito bem na área de vendas, pois gostava muito do atendimento ao público. Vendia bem, ganhava uma boa comissão e, assim que me estabilizei, minha filha já estava com um pouco mais de idade, então cogitei voltar a estudar. Fui em uma universidade particular aqui da cidade que tem cursos EAD e semipresenciais, estes com aula presencial à noite em um dia da semana. Foi então que escolhi cursar Marketing, porque era o único curso em que as aulas presenciais eram às sextas-feiras, dia que a minha mãe poderia ficar com a minha filha. Mesmo com o Marketing tendo me escolhido – e não eu o escolhido –, acabei gostando muito do curso, então segui com ele e me formei. Nessa época, mal imaginava as voltas que minha vida daria depois disso e como eu iria conectar o marketing com a área da beleza, como faço na gestão da minha carreira hoje. Mas essa história eu ainda vou contar.

O momento mais desafiador da minha vida foi quando a Sarah tinha 6 anos e começou a frequentar a escola. Ela estudava em escola pública e não havia turno integral, apenas o turno da tarde. Eu não tinha condições de pagar uma babá, então resolvi aceitar um emprego de meio período em uma empresa de comunicação visual, para ajudar no marketing. O ano era 2018 e o meu salário era de R$ 500,00. Como minha mãe sempre nos auxiliou, nunca faltou nada, mas eu tinha 28 anos e tinha um salário muito baixo. Tudo estava errado na minha visão.

Eu nunca me contentei fácil, muito menos estando em uma situação ruim. Se está ruim, precisa mudar, e é claro que esse salário precisava mudar. Naquela época, praticamente não existiam vagas de emprego remotas, o famoso home office. Então, uma amiga me deu uma ideia: e se eu fizesse sobrancelhas, maquiagem ou algo do tipo, para complementar a renda? Afinal de contas, eu sempre fazia isso de graça, para familiares e amigas. Achei uma boa ideia, principalmente porque poderia começar em casa mesmo, o que facilitaria muito para levar e buscar a Sarah na escola.

Comecei então a fazer cursos na área da beleza, e o primeiro foi de *design* de sobrancelhas. Lembro-me desse dia como se fosse hoje. O curso era de manhã, um curso barato que uma loja da cidade que vende produtos para profissionais promoveu. Fiz o curso e fui trabalhar. Cheguei feliz à empresa com o certificado na mão e, ao me ver chegar, a dona da empresa veio falar comigo, como de costume, e comentei que tinha feito o curso. O que ela me falou quase me fez desistir da ideia sem nem começar a praticar: ela disse que era complicado fazer dar certo trabalhar com esse tipo de coisa, porque precisava ter mão boa, precisava ter talento.

Foi desanimador ouvir isso, mas eu não desisti. Assim como tem pessoas que, como neste caso, preferem desestimular as atitudes dos outros, também tem pessoas que incentivam. Felizmente eu tive incentivo da minha mãe e de outros amigos, o que me fez começar a atender em casa nos finais de semana. Logo depois fui demitida, e depois entendi que foi o melhor para mim, pois claramente não era um lugar muito bom para trabalhar. Foi apenas o empurrão que faltava para que eu pudesse fazer dar certo.

Arrumei meu espaço na sala de casa, meu balcão virou bancada, a cadeira de escritório virou cadeira de atendimento e fiquei atendendo em casa. Fazia maquiagem e sobrancelhas. Eu tinha medo de cobrar e por isso cobrava muito pouco, o que acontece com a maioria das profissionais no início da carreira. Hoje eu aconselho minhas alunas e colaboradoras a se posicionarem no mercado, cobrando um valor justo desde o início, pois isso é o que vai fazer sobrar dinheiro para investir e crescer. Mas eu não via assim, achava que para ter clientes precisava cobrar muito pouco. Mesmo assim, na primeira semana mais movimentada, já consegui tirar o dinheiro do salário do mês inteiro que ganhava antes.

Nesse meio tempo, uma amiga publicitária que precisava de portfólio perguntou se eu não queria que ela fizesse minha marca e identidade visual, para que eu pudesse divulgar melhor o meu trabalho. Claro que aceitei, eu já postava tudo no Instagram, sem vergonha nenhuma de onde eu estava atendendo, então com uma marca ficaria muito mais profissional. Então ela fez e continuou me ajudando com dicas de divulgação e com algumas artes e peças para que eu pudesse divulgar.

No final de 2018, estava assistindo os *stories* de uma profissional, em que ela demonstrava e comentava sobre a técnica de *lash lifting*. Até então, eu nunca tinha ouvido falar, mas era uma técnica europeia de curvatura dos cílios naturais, porém sem uso de extensões, o que era uma novidade no Brasil. Comecei a pensar mais no meu negócio como estratégia e percebi que eu tinha um problema: maquiagem eu só tinha algumas clientes nos finais de semana, e sobrancelhas eu cobrava muito pouco e não faturava quase nada, porque não tinha a agenda cheia. Então, uma técnica que preenchesse a minha agenda todos os dias e me ajudasse a faturar mais seria o cenário ideal.

Foi assim que o *lash lifting* entrou na minha vida. Desde o primeiro momento, eu tive certeza. Tive tanta certeza de que, como era dezembro, pedi o meu primeiro kit de presente de Natal para a minha mãe. Ganhei não só o presente, mas minha possibilidade de testar, pois ela foi minha primeira modelo. Comprei uma maca usada para conseguir atender como *lash*, e tenho essa maca até hoje.

No início, pratiquei em muitas modelos sem cobrar. Como eram minhas amigas, elas também me ajudavam a divulgar no "boca a boca". Sempre procurei gravar e tirar fotos de todas para postar tudo nas redes sociais. Assim, era como se tivesse agenda cheia, o que gerava desejo e criava autoridade. Com isso, as clientes logo vieram.

Além disso, comecei a compartilhar vídeos no YouTube demonstrando a técnica. Como era novidade, quase não tinham vídeos e conteúdo sobre *lash lifting*. As pessoas gostaram da forma como eu explicava e, com isso, o número de visualizações dos vídeos foi crescendo bastante, assim como meu perfil no Instagram, atraindo profissionais de todo o Brasil e do mundo. Logo veio a primeira aluna de curso presencial, depois a segunda, terceira e, quando eu vi, estava recebendo também pedidos de cursos on-line das profissionais que eram de outras cidades. Eu não deixei as oportunidades passarem, acreditei no meu potencial, pois se eu estava recebendo pedidos de curso era porque meu trabalho e minha didática eram bons. Por isso, abracei o medo e fui. Em novembro de 2019, lancei o meu primeiro curso on-line. Em 2020, com a pandemia, a procura por conteúdo e cursos on-line cresceu muito. Como eu tinha tempo de sobra por conta da quarentena, produzi muito conteúdo, e isso me fez crescer ainda mais em número de alunas. Hoje já são mais de quinhentas alunas no mundo todo.

Gerar autoridade está ligado à forma como você se vê. Por isso, não se veja pequena. Eu sempre me vi grande, mesmo atendendo na sala da minha casa. Só fui ter meu próprio estúdio, com outras colaboradoras, depois de quatro anos. Antes disso, minha sala foi cenário de vídeos, conteúdos, cursos e atendimentos. Não importa onde você está, três coisas vão levar você ao sucesso:

- dedicação;
- persistência;
- planejamento.

Você precisa se dedicar a ser a melhor que você puder ser no que você faz, e continuar persistindo, fazendo e trabalhando, mesmo nos dias mais difíceis e desafiadores. É persistir nos dias em que falta esperança que fará você subir mais um degrau. Cada degrau acima irá ajudá-la a planejar a sua vitória. Se você não sabe aonde quer chegar, o caminho fica mais difícil e você pode perder oportunidades, como parcerias, *networks* e visibilidade, que são essenciais para o seu crescimento.

Escreva em um papel: onde você quer estar daqui um mês, um ano e cinco anos? O que você precisa para alcançar esses objetivos? Se precisar recalcular a rota, assim como eu fiz, tenha coragem e recalcule. O seu sucesso está lá esperando, mas você só chega até ele se der o primeiro passo. É isso que eu sempre digo para as minhas alunas, e minha maior gratificação é vê-las crescerem profissionalmente e conquistarem os sonhos que sempre buscaram.

Se esta história inspirou você de alguma forma e acendeu a coragem de ir ao encontro dos seus objetivos, eu convido você a conhecer o meu trabalho no meu canal do YouTube e os meus cursos on-line. Assim, você poderá se juntar às minhas mais de quinhentas alunas experts em *lash lifting* e *brow lamination*, técnicas para as quais construí um método que prepara profissionais que se diferenciam nesse mercado e atraem cada vez mais clientes.

"Construir autoridade tem a ver com a forma que você se vê. Não se veja pequena!"

Say Murakami

EDITORA
CHAVE MESTRA®

Instagram: @editorachavemestra

E-mail: editora@editorachavemestra.com.br

Site: www.editorachavemestra.com.br